中国书籍学术之光文库

创新能力培养新视野

余华东 | 著

中国书籍出版社
China Book Press

图书在版编目（CIP）数据

创新能力培养新视野/余华东著.—北京：中国书籍出版社，2020.7
ISBN 978-7-5068-7801-2

Ⅰ.①创⋯　Ⅱ.①余⋯　Ⅲ.①大学生—创造能力—能力培养—研究　Ⅳ.①G640

中国版本图书馆 CIP 数据核字（2020）第 018414 号

创新能力培养新视野

余华东　著

责任编辑	周　鑫　王　淼
责任印制	孙马飞　马　芝
封面设计	中联华文
出版发行	中国书籍出版社
地　　址	北京市丰台区三路居路 97 号（邮编：100073）
电　　话	（010）52257143（总编室）　　（010）52257140（发行部）
电子邮箱	eo@ chinabp. com. cn
经　　销	全国新华书店
印　　刷	三河市华东印刷有限公司
开　　本	710 毫米×1000 毫米　1/16
字　　数	191 千字
印　　张	16.5
版　　次	2020 年 7 月第 1 版　2020 年 7 月第 1 次印刷
书　　号	ISBN 978-7-5068-7801-2
定　　价	95.00 元

版权所有　翻印必究

前　言

建设创新型国家需要培养大量的创新型人才。创新型人才的培养必须通过教育。

为什么中国的大学培养不出杰出的创新人才？这就是钱学森留给后人的著名的"钱学森之问"。我认为，杰出的创新人才就是具有高水平创新能力的人才，只要我们能培养出高水平创新能力的人才，"钱学森之问"也就有答案了。

要培养创新能力，就要在影响创新能力的几个最重要的因素上下功夫，这主要包括智慧因素、非智力因素和创新实践能力。与美国学生相比，中国学生在这几个方面相对比较差，而这恰恰是中国学生创新能力比较低的主要原因。本书就是围绕这几个影响创新能力的最重要的因素来展开对创新能力的培养的论述。

由于智慧因素对于一个人创新创业成功具有决定性的意义，本书用了较大的篇幅（从第二章至第七章）来加以论述，并且在智慧因素（其核心是创新思维能力）及其培养的各章后面都有思维训练题（见附录），通过做这些题，读者可以有效地训练思维能力和培养智慧。

新时代的大学生必须具备较高的创新创业能力才能适应我们这个快速变化的时代。本书既可以作为大学生创新创业能力培养的教材，也可以作为初入社会的大学生参考书目。

目 录
CONTENTS

引　论　创新的巨大价值 …………………………………………… 1

第一章　创新创业能力及其构成要素 …………………………… 5
　　第一节　什么是创新、创业　5
　　第二节　创新能力的构成要素　7
　　第三节　从构成要素上看大学生创新能力的现状及存在的
　　　　　　主要问题　16

第二章　智慧、思维和创新思维 ………………………………… 23
　　第一节　智　慧　23
　　第二节　思　维　36
　　第三节　创新思维　40
　　第四节　创新思维的三个内在要素　53

第三章　非逻辑思维方法与非逻辑思维能力的培养 ……………… 65
　　第一节　非逻辑思维的普遍性　65

第二节　非逻辑思维存在的客观依据　66

第三节　研究非逻辑思维的重要意义　70

第四节　非逻辑思维的本质特征　71

第五节　非逻辑思维能力的训练和培养　76

第六节　非逻辑思维训练的原则　80

第四章　非逻辑思维训练的几种主要方法 …………………… 90

第一节　发散思维法　91

第二节　逆向思维法　96

第三节　头脑风暴法　101

第四节　自由联想法　106

第五节　不完全归纳法　111

第六节　类推法　114

第五章　逻辑思维 …………………………………………………… 120

第一节　逻辑学和逻辑思维　120

第二节　逻辑思维和非逻辑思维的辩证关系　123

第三节　逻辑思维训练应注意的问题和方法　129

第六章　逻辑思维训练（一）——推理训练 …………………… 131

第一节　逻辑思维的细胞——概念　131

第二节　命题和推理的概述　133

第三节　简单命题的推理训练　135

第四节　复合命题的推理训练　147

第七章　逻辑思维训练（二）——论证训练 ······ **165**
    第一节　论证的概述　165
    第二节　论证的种类　169

第八章　非智力因素的优化 ······ **173**
    第一节　动机的形成　176
    第二节　兴趣的培养　183
    第三节　情绪的调控　191
    第四节　意志的锤炼　201
    第五节　性格的塑造　208

第九章　走向创新的实践 ······ **214**
    第一节　从理想走向现实　215
    第二节　从理论走向实际　221
    第三节　从个人走向社会　225
    第四节　从自我走向他人　230

附　录 ······ **237**

后　记 ······ **251**

引论

创新的巨大价值

人类文明发展的动力是创新，人类社会的发展史就是一部不断创新的历史，知识经济的灵魂是创新，科学的本质是创新……时至今日，人们对创新的重要性已认识得越来越深刻。可以说，创新无处不在，创新是我们这个时代的主旋律。中国政府顺应时代发展的潮流，提出要在2020年把中国建设成创新型国家。中国迎来创新创业时代。李克强总理在不同的场合多次强调"大众创业万众创新"，即所谓的"双创"。

创新（包括创业）对人类和民族的进步和发展是不可或缺的，对我们每个个人的发展和生活幸福同样是非常重要的。在尼采看来，人应该具有的最大的特性就是创造性，这是生命之为生命的标志，也是生命健康的标志和生命发展的条件。在尼采看来，任何阻碍创造力的因素都是恶，都是不道德的。旧道德压制人的创造力，所以尼采反对它，并认为破坏这种道德是最大的善。他说过："……最大的善，这便是创造。"在尼采看来，具有创造力的人是生命力最强的人，他们是人类的希望。

创新带来的快乐在科学发现中有最为明显的表现。相传叙拉古赫农王让工匠替他做了一顶纯金的王冠，做好后，国王疑心工匠在金冠中掺了假，请阿基米德来检验。最初，阿基米德也是冥思苦想而不得要领。一天，他去澡堂洗澡，当他坐进澡盆里时，看到水往外溢，同时感到身体被轻轻托起。他突然悟到可以用测定固体在水中排水量的办法来确定金冠的比重。他兴奋地跳出澡盆，连衣服都顾不得穿就跑了出去，大声喊着："尤里卡！尤里卡！"他经过了进一步的实验以后来到王宫，他把王冠和同等重量的纯金放在盛满水的两个盆里，比较两盆溢出来的水，发现放王冠的盆里溢出来的水比另一盆多。这就说明王冠的体积比相同重量的纯金的体积大，所以证明了王冠里掺进了其他金属。阿基米德从中发现了浮力定律。

　　我们一般人日常工作、生活中的创新也能给我们带来工作效率的提高和成功的喜悦。例如，我对学院的会议进行了两次小小的创新。我们学院经常会遇到向学校推荐优秀科研成果的事。在院务会上先把各教研室所推荐的人员进行汇总，然后再由院务会排出顺序向学校推荐。办公室秘书把这几个候选人写在纸上。过去我们是等办公室秘书写出和院务会成员一样多的选票，然后再分发给每个院务会成员进行投票，后来，我想与其让办公室秘书一个人写出好几张选票，还不如我们每个院务会成员都写出一张，然后再打乱发给每个院务会成员进行排序，这样做就可以提高工作效率好几倍。在选票的统计上，我又做了一个小小的创新。过去，我们对每个候选人排序是这样的：在每个院务会成员对每个候选人进行排序后，我们再把选票收集起来，然后进行换算，例如将某个院务会成员对某候选人的排序为 1 的换算为 5 分，将某个院务会成员对某候选人的排序为 2 的换算为 4 分……再将每个候选人的得分都统计出来，得分最高的排名第一、得分次高的排名第二……然后上报学校。有一次，我发现"将某个院务会成员对某候选人的排序为 1 的换算为 5

分……"这样做没有必要，可以把每个院务会成员对每个候选人排序的序号直接相加，谁得分最低谁就排名第一、得分次低的就排名第二……这样就省去了换算这个不必要的环节，提高了工作效率。以上是我本人在日常工作中对一次会议的两个小小的创新。我举这两个例子并不是为了说明我多聪明，我多能创新，而是想说明创新无处不在，大家平时都要重视创新，有创新意识。现在有不少人是这个"迷"，那个"粉丝"，在我看来，我们应该有更多的人成为创客，成为创新的"迷"和"粉丝"。

创新无论是对人类来说，还是对我们个人来说，都是非常重要的。《中华人民共和国高等教育法》第一章第五条规定：高等教育的任务是培养具有社会责任感、创新精神和实践能力的高级专门人才，发展科学技术文化，促进社会主义现代化建设。由此可见，进行创新教育、培养大学生的创新能力在高等教育中有着重要的地位和作用。

为深入贯彻落实教育规划纲要，推动高校创业教育科学化、制度化、规范化建设，切实加强高校创业教育工作，教育部印发了《普通本科学校创业教育教学基本要求（试行）》（以下简称《基本要求》），对普通本科学校创业教育的教学目标、教学原则、教学内容、教学方法和教学组织作出明确规定。

《基本要求》强调，在普通高等学校开展创业教育，是服务国家加快转变经济发展方式、建设创新型国家和人力资源强国的战略举措，是深化高等教育教学改革、提高人才培养质量、促进大学生全面发展的重要途径，是落实以创业带动就业、促进高校毕业生充分就业的重要措施。

《基本要求》强调，各高校要把创业教育教学纳入学校改革发展规划，纳入学校人才培养体系，纳入学校教育教学评估指标，建立健全领导体制和工作机制，制定专门计划，提供有力教学保障，确保取得实效。各高校应创造条件，面向全体学生单独开设"创业基础"必修课。

有人说，我将来不创业，我还需要创新创业精神和能力吗？当然需要。因为未来人们的劳动主要是创造性的脑力劳动，机械性、重复性的劳动基本上都可以交给机器去做。

第一章

创新创业能力及其构成要素

第一节 什么是创新、创业

人们对创新概念的理解最早主要是从技术与经济相结合的角度，探讨技术创新在经济发展过程中的作用，主要代表人物是现代创新理论的提出者熊彼特。熊彼特认为，所谓创新就是要"建立一种新的生产函数"，即"生产要素的重新组合"，就是要把一种从来没有的关于生产要素和生产条件的"新组合"引进生产体系中去，以实现对生产要素或生产条件的"新组合"；作为资本主义"灵魂"的"企业家"的职能就是实现"创新"，引进"新组合"；所谓"经济发展"就是指整个资本主义社会不断地实现这种"新组合"，或者说资本主义的经济发展就是这种不断创新的结果；而这种"新组合"的目的是获得潜在的利润，即最大限度地获取超额利润。周期性的经济波动正是起因于创新过程的非连续性和非均衡性，不同的创新对经济发展产生不同的影响，由此形成时间各异的经济周期。他认为"创新"是资本主义经济增长和发展的动力，没有"创新"就没有资本主义的发展。

熊彼特认为，先有发明，后有创新；发明是新工具或新方法的发现，而创新是新工具或新方法的应用。"只要发明还没有得到实际上的应用，那么在经济上就是不起作用的。"熊彼特一开始提出的创新主要是指技术上的创新，后来逐渐演变成包含管理创新、制度创新、文化创新等等在内的广义上的创新。现在人们更多地采用的是广义上的创新，广义上的创新不仅包括在科学发现、发明之后的应用上的创新，而且也包括在此之前的科学发现、发明。从理论上讲，我们也应该采用广义的创新，因为创造一个新的思想、理论也该看作是创新。我们所采用的也正是广义的创新概念。从学术上讲，我们可以对创造和创新加以区分：创造主要是指原创，而创新则侧重于在原创基础上的再创。尽管我们从学术上可以对创新和创造这两个概念加以严格的区分，但在实践中人们对这两个概念经常混用，人们在实践中已把这两个概念等同了。按照约定俗成的做法，我们可以把创新和创造看作是同一个概念，并没有必要非得对两者进行学究式的严格区分，因为这样学究式的严格区分毫无实际意义。

何谓创新或创造呢？《辞海》中对创造的解释是："做出前所未有的事情。"这是正确的。有人更进一步地说："创新是指在前人或他人已经发现或发明成果的基础上，为人类社会的文明与进步创造出有价值、前所未有的全新的物质产品或精神产品。"这也是对的。

创业有广义和狭义之分。广义的创业就是开创新事业，是创新能力在实践中的体现。换言之，所有创造新事业的过程都是创业。无论是创建新企业、企业内部创业，还是在工作岗位上创造性地发挥自己的聪明才智，通过发现机会、整合资源实现自己的价值和抱负，都可以称为创业。从广义的角度去理解，创业既包括创立营利性组织，也包括创立非营利性组织；既包括运行政府设置的部门和机构又包括运行非政府组织机构；既包括从事大型的事业，也包括从事小规模的个人或家庭事业。

狭义的创业是指创业者通过努力把自己能够拥有的资源进行优化整合，从而创造出更大经济效益或社会价值的过程。有人把创业理解为创建一家企业，就是狭义的创业。一般说来，创业活动并不局限于新企业的创建，成熟企业、事业单位都存在或需要创业精神与活动。创业的本质是创新。

创新和创业有紧密的联系，我们也可以把创业看作是创新的一部分，如下所示：

（广义的）创新包括：

创意（创新思维）——创造一个新的思想

创造——创造一个新的物品

创业——创造一番新的事业

创意、创造、创业也可以看作是一个递进的关系，人们通常是先有一个创意（例如某项新技术），然后再把它创造出来（例如某种新技术产品），最后再创业（例如创办一个企业，大规模生产某种新技术产品，从中获得经济利益）。当然，我们也可以把创意、创造、创业都看作是创新，而不管它是创造一个新的思想，还是一个新的物品和一个新的事业。

第二节　创新能力的构成要素

创新人才就是具有创新能力的人。培养创新人才就是培养具有创新能力的人。要培养创新能力就必须先认识影响创新能力的主要因素，并分别加以优化、培养。

对于创新能力的构成要素，不同的人有不同的划分。

美国著名心理学家吉尔福特认为，创造性才能的实质是人的基本能力的组合方式，除了创造性思维之外，创造性才能与人格因素密切相关。

美国著名心理学家斯腾博格认为，创造力包括创造性智力、分析性智力和实践性智力成分。他还提到有创造力的人也有一些共同的人格特质，如对含糊的容忍，愿意克服障碍、让自己的观点和理论不断发展。活动受内在动机的驱动，有适度的冒险精神。

我国著名心理学家林崇德认为，创造性人才 = 创造性思维 + 创造性人格。王立认为，创新能力主要包括创新意识、创新基础、创新智能、创新方法和创新环境等。我国著名教育家温寒江等认为，创新能力包括创新精神、创造性思维能力、实践能力及动手能力；高福安等认为，创新能力包括独创能力、捕捉创新机遇的能力、处理人际关系的能力、知识及信息获取能力等；李世海等认为，创新能力的要素包括创新学习能力、创新想象能力、创新思维能力和创新实践能力；张志勇认为，包括创新感知能力和创新想象能力、创新思维能力、创新实践能力。从以上所列举的关于创新能力构成要素的论述中，我们可以看出，这些论述大多提到了创新的两个构成要素，即创新思维能力和创新实践能力。

由这些论述中，我们可以看出创新思维能力和创新实践能力是创新能力的两个基本的要素。从以上这些论述中也可以看出，创新能力还有另一个非常重要的因素，那就是非智力因素（人格因素）。非智力因素对创新思维能力（智力）和创新实践能力都具有非常重要的作用，且又不能归结为这两个要素，因此应把它单独列出来作为创新能力的一个基本要素。当然，也已有人把它看作为创新能力的一个基本要素。

创新能力就是创造新的思想、将新的思想付诸实践创造一个新的事物的能力。一个人的创新能力如何，取决于他的基本素质。按照心理学上的划分，人的素质分为智力素质和非智力素质。按照我们的研究，人的智力主要是指产生新思想的能力，即创新思维能力。因此创新能力的主要要素也可以看作是由创新思维能力和非智力因素构成。当然，仅有这两个要素还不够，因为人要将新的思想付诸实践创造一个新的事物，还需要具有一定的实践能力，对于即将走向社会的大学生来说，主要包括处理好理想与现实、理论与实际、个人与社会、个人与他人等关系的能力。而有了创新思维能力、非智力因素、创新实践能力这三个要素，一个人就能创造一个新的思想，并且能创造一个新的事物，因而也就具备了一定的创新能力。

著名企业家马云说："对于想成功的人来说，这些问题至关重要：智商、情商、爱商。"马云的创新创业成功的三要素论和我们上面的论述基本上是一致的。

一、创新思维能力（智力因素）

创新思维能力就是产生新的思想的能力。行成于思，行为的创新始于思维的创新，思维的创新是行为创新的初始的、关键的一环。很多人经常将创新和创新思维混为一谈。这容易引起人们思想上的混乱。其实，创新和创新思维严格说不是一回事，对这两者进行区分有助于人们对创新和创新思维进行分别的研究。

创新思维是指思维上的创新，是指创造（或者说是"产生"

"生产")一个新的思想、观点、知识等。创新是指创造一个新的东西,这个东西可以是一个新的思想,也可以是一个新的事物。如果创新指的是创造一个新的思想,那么创新就是指创新思维;如果创新是指创造一个新的事物,那么创新思维就是创新的一个部分、一个阶段,因为要创造一个新的事物就必须先在思想上进行创新。如果创新仅仅指前一种含义,那么这种所谓的创新就是狭义的创新;如果创新包含前面两个方面的含义,那么这种所谓的创新就是广义的创新,我们一般讲的创新是广义的创新。正因为创新具有这两方面的含义,从而容易导致人们将创新和创新思维这二者混淆。

影响创新(广义的创新)和创新思维的因素是不一样的。创新思维能力主要包括知识、非逻辑思维能力和逻辑思维能力这三个要素。创新不仅要求思想上的创新,而且要把创新的思想变成创新的实践,这在很大程度上取决于人的动机、兴趣、情感、意志、性格等非智力因素和身体因素等,而这些因素对创新思维的影响作用则相对较小。

创新的关键是创新思维,因为人的一切创新都始于思维的创新,在实践中的创新每一步都离不开思维上的创新。很多人之所以将两者混为一谈,主要是因为创新的核心是创新思维。

二、非智力因素

与对智慧及其要素的认识一样,人们对非智力因素是什么,有哪些因素构成也没有形成一致的意见。人们使用的非智力因素这个概念有广义和狭义之分。广义的非智力因素包括智力以外的心理因素、环境因素、生理因素以及道德品质等等。狭义的非智力因素则指那些不直接参与认识过程,但对认识过程起直接制约作用的心理因素，主要包括动机、兴趣、情感、意志、性格等。不过，我国学者大多认为，非智力因素是指智慧因素以外的、影响智慧活动效果的一切心理因素，主要包括动机、兴趣、情感、意志、性格等五种基本的心理因素，并且都要以基本智力为基础才能显现出来。情感、情绪与其他一些因素如意志、性格、兴趣、动机等可以说都直接或间接联系在一起。因此，现在有一些人把非智力因素主要看作是情商。

非智力因素不直接参与认识过程，就是说在认识过程中，非智力因素不直接承担对机体内外信息的接收、加工、处理等任务。非智力因素对认识过程的直接制约表现在它对认识过程的动力作用和调节作用中，对创新人才的成长具有动力、定向、引导、维持、调节、强化等多方面的功用。

三、创新实践能力

从哲学上讲，实践是人们改造客观世界的有意识的活动。通俗地讲，实践能力主要是指人解决实际问题的能力。个体实践能力以其解决问题的层次和质量为衡量指标。广义的实践能力包括动手能力、操作能力、生活能力、交往能力、执行能力、语言表达能力、组织管理能力等。不同的主体，如医生、军人、教师等有不同的实践能力。

广义的实践能力还包含了个体在实践中获得成功所需的智力因素和非智力因素。本课程讲的实践能力主要是指个体在实践中获得成功所需的智力因素和非智力因素之外的、与实践有直接关系的因素。这些因素有很多，对于即将要走向社会实践的大学生来说，主要是要具有处理好理想与现实、理论与实际、个人与社会、个人与他人等关系的能力。

实践能力和创新能力有着密切的关系。人们的实践活动大多都具有一定的创新性，另一方面，人们的创新也离不开实践。

创新实践能力是指人们从事创造新事物活动的能力。创新实践能力也属于实践能力的范畴，它具有一般实践能力的特征。人的实践一般都具有一定的创新性，不过，人的创新实践能力与一般实践能力相比，则更强调创新性，即更加重视人的行为的创新性。

创新实践能力是把创新思维付诸实践的能力，是创新能力的一个非常重要的要素。没有它，人们就很难在实践中取得创新的成功。

四、其他影响创新的因素：社会环境等

除了非智力因素对智慧和创新有很大的影响外，还有其他很多因素也影响着人类的智慧和创新，如社会环境、家庭环境等等。这里我们主要探讨一下社会环境对智慧和创新思维的影响作用。

在源远流长的人类历史发展的长河中，古今中外，无数事例都说明了社会环境对人的智慧和创新能力的影响。每当社会制度发生重大变革时，往往就会人才辈出，群星相映。比如我国春秋战国时期，出现了一批彪炳千秋的名人：老子、庄子、孔子、孟子、荀子、墨子、韩非子等。初唐和盛唐时期，出现了李白、杜甫、白居易、李贺等一代诗人。民主革命时期、新中国成立后的 50 年代、粉碎"四人帮"后、改革开放的几十年，都可谓"江山代有才人出，各领风骚数百年"。

再比如古代欧洲的希腊，一大批圣哲相继出世，创造了灿烂的古希腊文明。文艺复兴时期的欧洲更是名人迭出，如日中天，主要有达·芬奇、哥白尼、但丁、伽利略、莎士比亚等。18 世纪的法国，

出现了一大批科学家和工程师，如数学家拉普拉希、物理学家库仑、化学家拉瓦锡、生物学家居维叶和拉马克。为什么每当社会发生重大变革时总会呈现人才辈出的局面呢？究其原因，主要有以下几点：首先，尖锐复杂的社会变革需要有才干的杰出人物，可以说这是一个需要英雄的时代。其次，社会变革为人才提供了更广阔的活动舞台和实践机会，可以说这是一个产生英雄的时代。再次，社会变革促使思想解放，为人的智慧和创新思维的发展提供了绝好的机会，造成人才辈出的土壤和条件。在社会变革时期，旧的上层建筑和旧的意识形态的统治地位已被动摇，但又尚未被完全打倒；新的上层建筑和新的意识形态尚未被完全建立起来，这种需要不断打破和创建的时代常常会失去对人们思想和行为的过分束缚和控制，客观上形成了"百家争鸣，百花齐放"的社会环境，给人们的思维和智慧的自由发展提供了广阔的空间和良好的氛围。因此，我们认为这最后一点是对人们的思维和智慧直接起作用从而影响人才产生的，因而也是最重要的原因，前两点都是通过最后一点间接地影响人的思维和智慧从而影响人才产生的。

相反，在统治阶级进行专制和独裁的时代，人的智力和创新潜能不仅得不到发展，反而横遭压抑，以至备受摧残。在我国秦始皇"焚书坑儒"、汉代"独尊儒术"、清代大兴"文字狱"，一大批仁人志士，圣明贤哲，无功而卒。在西方，欧洲中世纪的黑暗时代，反动教会残酷镇压科学家，布鲁诺被活活烧死，伽利略锒铛入狱，意大利整整一个世纪没有出现过一个科学家。可以看出，在这些社会历史条件下，一般都是人才稀疏，万马齐喑，其原因主要是专制和独裁禁锢了人们的思想，束缚了人们的手脚，影响了人的创造力和智慧的发展。的确，具有高度创造力和智慧的人敢于标新立异，异想天开。他们的主张、见解常常与众不同，往往会对实行专制和独裁的统治阶层的利益构成威胁，因而他们的观点往往被当作"异端邪说"，甚至他们本人也常常被辱为"疯子"。塞尔维特提出"血液循环论"，违背了教会——神的旨意，因而被当成妖邪、异教徒烧死。罗巴切夫斯基最初提出非欧几何学，也被人辱骂为"疯子"。达尔文提出"进化论"被斥责为"野种"。连牛顿、莱布尼兹在微积分中提出的"无穷小"，也被英国大主教贝克莱谴责为"消失了的鬼魂"。这种对于智力和创造性的迫害，并未随科学的发展而消除，只不过改头换面罢了。摩尔根遗传学派的基因理论，直到20世纪50年代还被苏联等国斥为"资产阶级种族论"，维纳等创立的"控制论"，也曾被批判为"唯心论"。在我国像马寅初那样博学多智的学者提出的"新人口论"，也被贴上"马尔萨斯"的标签，受到了批判。这些都表明，东西方的不同社会环境中，实际上都存在着对于智力创造活动心理安全的威胁。如果不采取果断有力措施及时消除这种威胁，智慧的开发和创造将缺乏保障。

美国著名的人本主义心理学家 C·R·罗杰斯（1959）提出了"心理安全"和"心理自由"的概念，并认为它们是有利于创造性活动的普遍环境条件，也是智力开发、人才培养重要的社会环境条件。他认为，个人的被承认，是增进心理安全最重要的因素之一，但在我们的文化中，它可能是有创造力的年轻人丧失的东西之一，许多年轻人的智力创造，难以得到社会承认。有高度创造力的人在思想和外部行为上，偏离了文化常模，创造力的本质决定创造性活动必须是不同的。它必须是异常行动。当个人的承认是决定于大家都一致时，有创造力的人将被降低价值，他们的异常思想将受到阻拦。为了解决"心理安全"问题，C·R·罗杰斯提出创立"心理自由"的环境，即"在一种教育环境里，它允许获得知识的多种途径，并承认解决问题的异常方法……在一个无威胁的社会环境中，有创造力的人就不感到忧虑。他的动机的主要源泉能变为钻研和发明的积极的满足，而不是减少他的忧虑。当一个人感到心理上安全时，他就能积极地表达他的歧异思想"。

接着，他列举出了"心理自由"有以下一些特征：

他能承认自己是什么就是什么，而不怕被人笑话和奚落。

对他的思想冲动，至少能做出象征性的表达，而不必压制、歪曲或隐藏它们。

他能用开玩笑或独特的方式处理某些印象、概念和字词，而不感到不安。

他把未知和神秘的东西既看作是一种需要应付的严肃挑战，也看作是一种好玩的游戏。

对照他列出的"心理自由"的特征，我们可以看出：历史发展到今天，人的思想自由、创新精神已达到全社会尤其是教育界的广泛认同和鼓励，人的"心理自由"和"心理安全"已基本上得到保障，人们已拥有了智慧和创新思维发展的良好的社会环境。我们有理由相信，随着人们对智慧的内在要素及其发展的认识的不断深化，大批量的爱因斯坦、居里夫人式的人才将不断涌现出来，一个英才辈出的时代将会到来。

此外，人的身体素质也是影响一个人的创新创业成功的很重要的因素。一般来说，大学生大多具有良好的身体素质，所以他们中很多人通常也认识不到身体素质的重要性。

机遇也是影响一个人创新创业成功的一个重要因素。马云就说过，以他现在的素质、能力和十年前相比要强多了。但假如他今天开始创业,他未必能成功,因为很多天事、地利、人和的因素可能都不具备了。这就是机遇对于一个人创新创业成功的重要性。但机遇可遇不可求,我们这里也就不做过多的讨论了。况且,机遇只给有准备的人,我们如果能把影响创新创业能力的前三个重要因素培养、优化好,我们就能更好地抓住机遇。

创新能力还和其他一些因素有关,但由于它们对创新能力的影响程度没有上述我们论述的因素的作用大,我们这里就不多做论述了。

第三节 从构成要素上看大学生创新能力的现状及存在的主要问题

我国现阶段的教育在创新人才的培养方面还存在很多问题。

首先,创新和智慧密不可分,智慧的核心是创新思维能力。中国的教育虽然重视智育,但有很多人错误地把智育的重点放在知识的传授上。虽然有一些人认识到思维能力对智育的重要性,但我们的中考、高考却把学生带入了机械背诵和题海战术式的误区中,学生的想象力、创造力在很大程度上被弱化了。

1998年,某省命题作文是《坚韧——我追求的品格》上万名双亲俱健的高考学生都以下面这样的公式化的虚假构思为开题:"我自幼父母双亡,独自一人承担家庭重任至今……"

中国学生很会解数学题,但不见得会思考数学。从清华大学去美国留学的一个学生,教师的微积分的题目一发下去,他一看就开始写答案了。美国老师大吃一惊,以为发现了一个数学天才。同学私下跟他说，这题目在北京的时候就做过，原来他在北京做过8000多道数学题。他每次一考试，拿起笔就讲这么一句嚣张的话："我就不相信有道题目我没有见过。"真是厉害啊！但是，每次一考到数学逻辑和数学思考的事情，他的表现就平平，但是他一解题就是全勃克莱大学最会解题的。美国老师说了句话："我没有想到中国的数学学成这样。"

关于历史考试，中国可能会考这样一道题，元太祖成吉思汗的继承人公元哪一年西征，在中亚西亚建立了哪四大汉国，最远打到哪里？美国世界史也考这方面的内容，但问的跟我们完全不一样，成吉思汗的继承人当初如果没有西征，欧洲会发生什么变化，试从政治、经济、社会三方面分析。每个同学的答案都不一样，老师也没标准答案。美国教育强调思想，我们强调条条框框、记忆，这就是教育上最大的差别。

其次，中国的初等教育在培养学生的非智力因素和实践能力这两个方面做的也很不够，后面的内容还将涉及，这里就不赘述了。为了培养创新型人才，更好地实行创新教育，我们要在学生的以创新思维能力为核心的智力因素的培养方面、在非智力因素的优化方面、在实践能力培养等三个重要方面进行有成效的培养、优化。这门课程就是针对中国学生在创新能力培养方面存在的三个方面严重不足而开设的。

前面我们讲了中国基础教育在创新能力方面的种种不足，下面我们再具体说说大学生在创新能力方面的不足。由于创新思维能力是大学生创新能力的重中之重，所以我们在这里对构成大学生创新思维能力的三个要素逐一加以分析。

一、大学生的知识相对较多，思维能力相对较弱

从知识上看，一般说来，大学生掌握的一般知识和专业知识是比较多的，所欠缺的主要是加工处理知识、运用知识的能力。实际上，一个合格的高中毕业生就已经掌握了人类所必须掌握的、能基本适应社会的基本知识，再加上大学四年的专业学习，一个合格的大学生应具备走向实践、适应社会的一般知识和专业知识。

在学习掌握知识这个问题上，有一个误区：很多人总是以一个杰出人物、一个成功者所掌握的知识来要求自己和他人。事实上，一个杰出人物、一个成功者在他年轻的时候也未必掌握它成功的时候或之后所具有的知识，他的知识也是日积月累形成的。而我们很多人却错误地认为，我们要成为牛顿、爱因斯坦那样的物理学家，我们在年轻的时候，就应该具有成熟时期牛顿、爱因斯坦的知识总量。这可以说是一种形而上学的观点。在这样一种形而上学观点的错误指导下，很多教育者和受教育者都在片面地追求知识，把学习的任务仅仅看作是传授和接受知识，以至于我们的教育培养了许多知识仓库似的人，从而也就形成了一个杰出人物曾经说过的这样一种悲剧性的结果：人类的知识在不断地增长，但人类的智慧却在徘徊不前。

对于现在的大学生来说，主要的不足不是他们的知识不够多，而是加工处理知识的能力不够，也就是思维能力不够。我们很多大学教师都有这种感觉：在课堂上搞讨论、互动式教学很难。原因可能主要是经过中考前、高考前的机械式的大量记忆和题海战术式的训练，我们学生的主动性、能动性、思维能力已大大地降低以致丧失殆尽。

二、大学生的想象力等非逻辑思维能力普遍缺乏

以死记硬背、题海战术等为主要特征的应试教育显然是造成想象力等非逻辑思维能力普遍缺乏的一个重要原因。除此之外，大学生大学期间是左脑发育成熟的重要时期，人们变得更习惯用左脑，抽象的、逻辑的思维能力会相应增强，而右脑主管的想象力等非逻辑思维能力会下降。随着年龄的增长，大学生经历的事情越来越多，思维惯性越来越严重，以及人际关系、社会关系等对心灵造成限制，从而导致失去想象的积极性，想象的意识也下降，遇到问题不会有意识地去从想象的角度看。

对待直觉等非逻辑思维的不正确的态度也是导致很多学生缺乏非逻辑思维能力的一个重要原因。但被中南大学破格提升为研究员的大学生刘路却非常重视直觉的作用，这也许是他获得成功的一个重要原因。以下是刘路接受《面对面》栏目专访的部分内容：

主持人：但是你学到知识为什么在试卷上不能够反映出来呢？

刘路：我觉得我个人的话，就是跟我的习惯有关，就是比较马虎，有的时候厌烦的话，读题目不是很认真，然后就是各种疏漏什么的。

主持人：这样一个马虎的性格是不太适合搞数学的，因为数学这样一个领域，别人认为是很严谨的。

刘路：我不认为学数学需要很严谨，我不赞同那句名言。

主持人：你不在意严谨的话，那在意的是什么？

刘路：首先一点，数学家在工作的时候都是靠直觉的，表面上看那些东西都是很枯燥、很冗长，但是在数学家的头脑中

很快就会完成，他们的头脑中形成了一些东西的时候，并不是严谨的，一步一步的，都是靠一些直觉，都是靠不严格的直觉去进行推理的。

三、有不少大学生的逻辑思维能力有待进一步提高

尽管大学期间是左脑发育成熟的重要时期，人们变得更习惯用左脑，抽象的、逻辑的思维能力会相应增强，但由于不少大学生的逻辑思维能力没有经过系统的训练，他们的逻辑思维能力也没能得到有效的提高。有不少大学生毕业时还不能用通畅的语言表达自己的思想，还不能写一篇条理清楚的论文，甚至连写一篇短短的会议报道也错误百出。这样的大学生在走向社会后是很难取得较大的成功。我们在这一课程中将传授给大家一些主要的逻辑知识，对大家的逻辑思维能力进行适当的训练。

四、有不少大学生的非智力因素有待进一步优化

大学生正处于人生的黄金时代，在生理上已基本成熟。一般来说，大学生生气勃发，具有强烈的进取心。但大学生的心理尚未成熟，我们的教育过于片面地追求学生知识和智力的发展，而对大学生的包括非智力因素在内的心理因素的优化重视得不够。心理上的内耗使他们浪费了大量的时间和精力。

从非智力因素这一方面来看，不少大学生缺乏学习动机，学习动力不足或不正确；学习兴趣不浓，热情不高，兴趣广泛不稳定，兴趣中心错位；不少大学生情绪不稳定，情感比较脆弱；不少大学生的自觉性、坚定性、自制力较差等。

在本课程中，我们的重点是讲与智力因素紧密相关的心理因

素——非智力因素及其优化。

五、大学生的创新实践能力普遍有待提高

根据大学生的年龄和成长阶段，我们认为，和成人相比，在大学生创新能力的主要构成要素中，大学生创新能力中发展得很不够的是创新实践能力，最为重要的原因是大学生一般都没有经过生活实践和工作实践的磨炼。对于大学生来说，应该更加突出创新实践能力的培养，因为在不久的将来他们就要走向社会实践。

高等教育的最终目的是培养"社会人"，而不是"学生"。可我们的很多高校和教师并没有认识到这一点。

学校毕业的大学生可能具有较高的理论基础，较丰富的专业知识，较成熟的思想和心智，具备了一定的在社会上打拼的能力，但由于社会实践活动较少，实践能力较低；加之实践教学没有开展到位，很多大学生一旦离开校园步入社会就找不准自己在社会中的位置，扮演不好自己的角色，就会表现出人际交往能力差，应用所学知识能力差，就出现了茫然、难以适应工作环境的现象，以致不能发挥出他们自身的实际水平，从而影响了自身的发展，也在一定程度上影响了社会的发展。

大学生的实践能力不足还与创新思维能力没有得到有效的培养有着重要的关系。

大学生的创新实践能力普遍有待提高，在大学生创新能力培养中应突出创新实践能力的培养。

综上所述，从大学生的创新能力的构成要素上看，我国大学生的创新能力在很多要素方面是没有得到有效开发的，是水平不高的。从小处说，这将影响大学生的就业、创业；从大处说，这将影响我国创新型国家的建设。由此我们也可以看出,在我国高等院校进行创新教育、对大学生的创新能力进行培养是多么的迫切和重要!

我们分析研究大学生的创新能力的构成要素,就是要从中找到我国大学生的创新能力培养方面存在的问题,从而进一步为大学生创新能力的培养提供有针对性的理论指导和培养的方案、方法。

第二章

智慧、思维和创新思维

第一节 智 慧

智慧是人的一个最核心、最重要的素质。一个人在社会上所获得的地位和财富将越来越取决于他的智慧水平。一个人的工作成就也主要取决于一个人的智慧水平。一个人的生活水平也主要取决于一个人的智慧水平。

正因为智慧对人类具有极其重要的意义，所以人类世世代代都在追求着智慧。最早追求智慧的学科应该是哲学。哲学是一门非常古老的学问。在西文中，"哲学"一词是由两个词根组成的，即"爱"和"智慧"。中文将之译为"哲学"，也取"哲"这个字的"聪明""智慧"的含义。可见，哲学自古以来就是一门关于智慧的学问。千百年来，许多人皓首穷经、不辞劳苦地研究哲学，就是希冀哲学给人们带来聪明和智慧。除了哲学在一直追求智慧外，还有一门学科也在始终不渝地追求着智慧，那就是教育。教育是一种培养人的社会活动。智育是教育的主要内容，在教育活动中处于中心地位。而智育就是向受教育者传授系统的文化科学知识、技能，发展受教育者智力的教育活动。聪明和智慧也是教育的重心所在。贝斯特在《教育的荒地》中写道："真正的教育就是智慧的训练……经过训练的智慧乃是力量的源泉。"高尔基说："创造靠智慧……智慧是一切力量中最强大的力量……"

千百年来，一代又一代的人们都在追求着聪明和智慧。但迄今为止，人们还没有弄清楚智慧是什么，准确地说，就是智慧从本质上说是什么。尽管人们没有弄清楚智慧的实质，但对智慧的表现和特征还是有不少认识的。在此基础上人们形成了一些对智慧的基本看法，经常提到的有"智慧就是指有丰富的知识""智慧就是指抽象思维能力""智慧就是智力测验测得的东西"，等等。我们这里的意图不在于奢望一蹴而就地解决智慧的本质问题，而在于通过一个新的视角，对已有的关于智慧的认识进行考察，提出一个新的智慧观，力图在一定程度上贴近智慧的本质。

一、几种常见的智慧观述评

人们在日常生活中常常说到"某某事物是什么"，往往是为了实践的需要和使用的方便而提出的，并不具有十分严格的意义。但如果要从理论上探究"某某事物是什么"，那就是十分严格的事了。对此人们常常采用下定义的逻辑方法。

所谓下定义就是用简练的相对比较清楚明确的语言来揭示我们所要认识的那个对象的内涵的逻辑方法。下定义的规则有：第一，定义概念（用以揭示被定义概念内涵的概念）的外延与被定义概念的外延必须是全同的；第二，定义概念中不能直接地或间接地包括被定义概念；第三，定义只要能是肯定的就不应当是否定的；第四，定义概念中不能包括含混的概念和语词。

根据下定义的实质内容和逻辑规则，我们可以看出，要从理论上探讨"某某对象是什么"或者说给某某对象下个定义，必须符合如下两个原则要求：

第一，定义概念的外延和被定义概念的外延必须相等。换句话说，这就是要求我们用清楚明确的语言所揭示出来的东西不是别的，不多不少，恰好是被定义的那个对象。这一条原则要求也正是下定义的四条规则中的第一条规则的要求：定义概念的外延与被定义概念的外延必须是全同的（所有的 D_S 都是 D_P 并且所有的 D_P 都是 D_S，D_S 表示被定义概念，D_P 表示定义概念）。

第二，必须用相对比较清楚明确的语言把被定义概念的内涵揭示出来。从理论上探讨一个对象是什么，就是要在对被探讨的对象形成比较清楚的认识之后用相对比较清楚明确的语言把对对象的认识成果固定下来，并便于他人理解。如果所下的定义出现"同语反复""循环定义""语言含混"等问题，人们就无法通过所下的定义对所定义的对象形成相对比较清楚明确的理解。这第二条原则要求也是下定义的后三条逻辑规则的主要精神所在。

下面我们就来根据前述下定义的两个原则要求考察一下几种比较流行的对智慧的基本看法，说明它们不能作为智慧的严格定义的理由。

（一）智慧就是指有非常丰富的知识

1. 一般说来，知识越多，具有的智慧也可能较多，但不能说要有智慧就一定得具有非常丰富的知识。如果说只有具有非常丰富的知识的人才算是智慧的，而一般儿童都不具有非常丰富的知识，那么我们能说儿童没有智慧吗？显然不能。例如，儿童时代的司马光砸缸救人的故事就充分表现了他超群的智慧。因此这种说法不符合我们上述的第一个原则要求的第一个方面：所有的 D_S 都是 D_P。也就是说，并非所有的智慧的人都有丰富的知识。

知识的丰富主要依赖人的记忆。但智力测验的主要创始人比纳和西蒙却认为，记忆不是智慧的重要方面。他们认为："乍一看，记忆是十分重要的心理现象，人们在考察智慧时，会情不自禁地给它以显赫的一席之地。但是记忆区别于也独立于判断，一个人可以有良好的判断力，但可能缺乏记忆力，反之亦然。""在科学著作中，'智力'与'知识广博'是两回事，普通人常常用'智力'表示'知识广博'，科学家虽然对智力有各种定义，但都没有这种意思……具有知识是具有智力的结果，但并不就是智力。许多现代的测验都经过重新设计，把智力作为一种与特定的文化知识背景无关的基本能力来测试。"

2. 在很多情况下，有非常丰富知识的人往往是比较智慧的，但也不尽然。例如，东汉官僚胡广字伯始，记忆力极强，熟悉所有典章，知识渊博，也会办事，当时有"万事不理问伯始"之说，但是缺乏创造性，不能解决新问题，终于没有贡献。无独有偶，英国有个叫亚克敦的人，历史知识十分丰富，以至于许多历史学家所写的著作中有丝毫不符合史实的地方，他都能指出来。可是就是亚克敦这样一个历史知识十分丰富的人，人们却不认为他是一位真正的历史学家，因为他没有自己的新思想。与其说他是历史学家，倒不如说他是一个活的历史档案。在人们发明计算机、利用计算机自动检索查阅之前，这种活的历史档案或许还是比较有用的，可是在人们已经广泛地运用计算机检索查阅的今天，这种活的历史档案就没有什么价值了，因为这种活的历史档案的知识贮藏量要比计算机的信息贮藏量小得多,并且也不像计算机那么普及、方便。

类似胡广、亚克敦这样的"两脚书橱"还有很多很多。显然像胡广、亚克敦这样的人不能算是比较智慧的。赫拉克利特说得好:"博学并不能使人智慧。"可见,并非所有知识十分丰富的人都是智慧的。因此,这种说法也不符合我们上述的第一个原则要求的第二个方面:所有的D_P都是D_S。

在现实生活中,很多人都认为知识和智慧是一回事,这是一个错误的观念,因为知识和智慧之间是不能画等号的。一个有广博知识的人不一定有很高的智慧,同样一个有很高的智慧的人也不一定有广博的知识。我们可以举个极端的例子来加以说明。现代中学生从知识拥有量上来说可能远远超过了孔子、牛顿,但是你能就此说他们的智慧水平比孔子、牛顿还高吗?显然不能。为什么?这是因为评价一个人智慧水平高低的标准不是主要看他的知识拥有量,而主要要看他的思维能力如何。

(二)智慧就是指抽象思维能力

持这种观点的典型代表是美国斯坦福大学的推孟教授,他认为:"智慧是一种抽象思维的能力。"他还认为,"智力与抽象思维能力成正比"。这种智慧观认为智慧是由单一的要素构成的,因此又叫"单质说"。

这种观点中的"抽象思维能力"如果仅指逻辑思维能力的话,那么这种说法显然是错误的。因为计算机的逻辑思维能力最强,按照这种说法,计算机就是最有智慧的了。这显然是错误的。况且,如果智慧是指抽象思维能力的话,那么和抽象思维能力相对的形象思维能力就无法纳入智慧的范畴,这也是不妥的。

如果这种"抽象思维能力"不是指逻辑思维能力,那么这种

"抽象思维能力"是什么现在也很难说清楚,用很不清楚的语言来说明智慧是什么,也不符合我们前述的第二条原则要求。

(三)智慧就是智力测验测得的东西

智力测验的初衷就是要测定人的智力或智慧水平。这里就有了这样一个问题:我们必须先认识智力或智慧是什么,然后才能测定人的智力或智慧水平,不能本末倒置。因此,用"智力测验测得的东西"来定义智慧就犯了同语反复的逻辑错误。

除此之外,"智力测验测得的东西"也没有正确地揭示智慧这个概念的内涵。现在人们普遍认为,创造力是智慧的一个核心要素,但智力测验并不能准确地反映出人的创造力。虽然有证据表明创造力高的人普通智力也高,但普通智力高的人创造力并不一定就高。这就说明智慧中包含有普通智力所不具有的内容。吉尔福特说:"被公认为属于创造性这一类别的测验与智力量表中常见的测验之间没有什么相关,这已为多年来各项独立的研究所注意。"他还说:"当我们考察智力测验的性质时,我们对智力测验所涉及的创造性能力的范围的问题会有许多疑惑。应该记住的是,从比纳时代到现在,在智力测验的效度方面使用的主要的、实际的准则,一直是学生在校的成绩。对儿童说来,这意味着主要是阅读和算术的成绩。这个事实已普遍决定了我们智力测验的性质。因而,就操作上而言,智力成了掌握阅读、算术和类似学科的能力(或能力的复合体)。这些学科显然并不一定要求创造性才能。

"对智力测验内容的考察表明,其中只有极少部分具有明显的创造性质。比纳的确在他的量表里收进了少量这种性质的试题,因为他把创造性想象看作是应该被包括在内的几种重要的高级心理功能之一。比纳量表的一些修订本保留了这类试题,但只占试题中的极小部分。团体智力测验一般则完全删掉了这类试题。"

很多人认为，最聪明的孩子多是智力高的孩子，但事实证明，能创造的孩子最聪明。美国斯坦福大学的特曼教授对天才儿童所做的一项最著名的研究，也证实了这一观点。该研究对1000多名智力超常的孩子进行了长达50年的追踪调查。结果发现早期智力超常的儿童成年后大多数健康、安定、幸福，有些甚至成为某方面的专家。但是没有一个人取得能创建一个新领域的创造性成就。具有讽刺意味的是，两位后来的诺贝尔奖得主，发明晶体管的威廉·肖克雷和荣获物理奖的路易斯·阿尔瓦雷斯，当年因智商分数不高，未被选入研究对象。

以上我们分析了几种经常提到的智慧观，其中有的智慧观并不是作为定义提出来的，有的人说这些话时也并不意味着他们认为那就是智慧的实质。我们之所以把它们也列出来加以评述，是因为有不少人在实际上把它们当作智慧的定义或实质，这就不正确了，而且由此带来的危害是巨大的。例如我们上面所分析的第一种智慧观，持这种智慧观的人把智慧等同于知识，在培养智慧时片面强调填鸭式的灌输知识，这是非常有害的。

经过以上的分析，我们可以看出，以上几种比较流行的关于智慧的说法和定义，都不能作为智慧的严格定义。那么，智慧到底是什么呢？

二、一种新的智慧观

人的智慧主要是通过人的言行表现出来的。人的言行之所以可能是智慧的，其实质就在于人的言行里包含着人类的思维；没有思维贯穿于其中的言行是谈不上智慧的。例如，收音机播送演讲稿，发电机发电，我们不会说收音机和发电机是智慧的，因为尽管这些言行看起来是智慧的，但是收音机和发电机在做这些事时并没有运用它们的思维，它们根本就没有思维。相反，我们却说收音机播送演讲稿和发电机发电体现着人类的智慧，究其实质，是因为它们中包含了或者说是凝结了人类的思维，是人们在自己思维的指导下创造发明了这些机器。显然，智慧是属于思维领域的。由此可见，"智慧和思维的关系极为密切，智慧是运用科学思维而产生的一种能力……思维虽然不等于智慧，但智慧离不开思维"。很多人都把智慧看作为一定的思维能力，这是很有道理的。

智慧是属于思维领域的，智慧离不开思维。但并非所有的思维活动都是智慧的。一般人都会认为智慧是指高水平的思维，那么什么样的思维活动算得上是高水平的思维呢？

人的思维活动可以分为两类：一类是不产生新思想的思维活动；另一类是产生新思想的思维活动。不产生新思想的思维活动也即再造性思维，这种思维活动"一般指仅仅依靠以前类似情况下所用过的知识、经验或方法即可解决当前问题的一种思维活动"。这种思维活动需要人们付出的思维是较少的，甚至于几乎不要运用任何思维，近于和其他动物一样的条件反射。这种思维活动是一种较低层次的思维活动，并不包含智慧。如果一个人仅仅能进行这样的思维活动，那么这样的人就是愚蠢的。尽管我们说这样的思维活动是一种接近动物简单的心理活动的一种低层次的思维活动，但这并不等于说我们人类不需要或可以忽视这种思维活动，而是说它不包含我们所说的智慧而已。

产生新思想的思维活动，也即广义的创造性思维，一般是指运用已有的知识、方法等无法解决当前问题的情况下进行的思维活动。

这种思维活动要求人们寻找新的方法、规则，产生新知识，总之要求人们产生新思想。因此，它要求人们付出的思维是较多的。这样的思维活动就是智慧的了。韦特海默强调智力行为是创见性的，而不是再生性的。普希金也说："我们所说的机智，不是深得评论家们青睐的小聪明，而是那种使概念相接近，并且从中引出正确的新结论来的能力。"

除了机械性、重复性思维活动（如记忆）外，人的思维活动所产生的思想都多少带有一定的新颖性，所以正常人多数活动都多少包含了智慧。例如，当一个刚刚毕业的大学生在法院工作时运用自己所学的法律知识正确地给一个案件定罪量刑时，他的思维活动就多少产生了一定的新思想，就多少包含了一些智慧，因为没有任何一本书能具体到告诉他这个案件该如何定罪量刑，他只要进行机械性、重复性思维活动就行了。

人的思维活动所产生的思想大都多少带有一定的新颖性，这也就是说，正常人都具有一定程度的智慧水平，区别主要在于人们所产生的新思想的质量和数量不同，也就是智慧水平的程度不同。因此，我们既可以说智慧就是指产生新思想的思维能力，也可以说智慧就是生产思想（idea——点子、主意等）的思维能力。

智慧的反面——愚蠢就是不具有产生新思想的思维能力。下面我们举个例子来说明：

> 从前有个傻姑爷，要去给岳父拜寿。临走前，媳妇一再嘱咐说："今天我爹过生日，你要专捡好听地说，别忘了带上'寿'字"。傻姑爷听了连忙点头。
>
> 来到岳父家，傻姑爷见了大红蜡烛，便说："寿烛，寿烛"；见了水果点心就叫"寿糕，寿桃"；见了椅子就说"寿椅"，岳

父听了脸上乐开了花。

吃寿面时，岳父不小心把面汤洒在了衣服上，傻姑爷急忙掏出手绢，边擦边说："这么好的寿衣洒了汤多可惜。"岳父一听，气得半晌说不出话来。

我们大家都认为这傻姑爷真是够傻的。但在现实生活中我们自己也会犯类似的错误。唯上、唯书、唯经验等形而上学观点不也是如此的愚蠢吗！

三、对新智慧观的论证

（一）从逻辑上论证

前面我们探讨了下定义的两个原则要求。下面，我们就用这两个原则要求来检查一下我们给智慧下的新定义。

智慧就是指产生新思想的思维能力。不具有产生新思想的思维能力，就不具有智慧；而只要具有产生新思想的思维能力，就一定具有智慧。这表明我们给智慧下的定义是符合下定义的第一个原则要求的：所有的 D_S 都是 D_P 并且所有的 D_P 都是 D_S。新思想、新观点、新知识都是思维活动的结果，是可以用文字符号等表示出来的，是相对稳定并可以对其加以分析研究和识别的东西。用具有产生新思想的思维能力来定义智慧就比其他的一些智慧定义更清楚明确。因此，我们给智慧下的定义也符合下定义的第二条原则要求。

一个人产生新思想的思维能力越弱，甚至于不能产生新思想，只能进行一些重复性、再造性的思维，那么这个人的智慧水平就越低，甚至于没有智慧。反之，一个人产生新思想的思维能力越强，也就是说这个人产生新思想的数量越多（如爱迪生数以千计的发明）、质量越好（越深刻、越新颖，如爱因斯坦之相对论），那么，这个人的智慧水平就越高。这就进一步证明了我们给智慧下的定义：智慧就是指产生新思想的思维能力。

从我们以上给智慧下的定义来看，衡量一个人的智慧水平就既要看他产生新思想的数量，也要看他产生新思想的质量。衡量一个人产生新思想的数量相对比较容易，但衡量一个人产生新思想的质量就很难了，现在看来可以从其思想的新颖性、深刻性、逻辑性等几个方面来加以衡量。关于新思想的数量和新思想的质量（新思想的新颖性、深刻性、逻辑性等）在智慧水平的衡量中各占多少权重，是一个非常值得研究的重要问题。对于衡量一个人的智慧水平来说，一个大的新思想的权重有可能胜过成千上万个小的新思想的权重。歌德认为，衡量天才不应只看其作品的数量，因为看一个人是否富于创造力，不能只凭他的作品或事业的数量。

（二）从已有的研究方面进行论证

1. 已有越来越多的研究接近我们给智慧下的定义。美国的斯顿伯格在《智慧的发展》一文中指出了一种和我们给智慧下的定义相近的智慧观："诚然有一个为许多专家所接受的智慧观点是：智慧是对生活中新问题、新情境的一般适应能力。"人之所以具有"对生活中新问题、新情境的一般适应能力"，就是因为人具有产生新思想的思维能力；没有新思想，人们就不会有"对生活中新问题、新情境的一般适应能力"，可见，这样的智慧观不如我们提出的智慧观更接近智慧的本质。况且"对生活中新问题、新情境的一般适应能力"这个概念比较模糊，也很费解，用它来给智慧下定义不符合下定义的第二个原则要求。

还有两种比较流行的智慧观和斯顿伯格的智慧观基本一致。这两种智慧观认为"智慧就是认识新问题、解决新问题的能力""智慧就是指创新思维能力或创造思维能力"。例如，有人就这样说："我们所说的智力，即通常所说的认识能力，指的是观察力、记忆力、想象力、思维能力，这些都属于心理品质的范畴。而其中占中心地位的是思维能力，特别是创造性思维能力。"我们对这两种智慧观的评述可参见我们上面对斯顿伯格提到的智慧观的评述。

几乎在人们给创造思维所下的所有定义中，都包括（对个人或对人类来说）产生某种新的东西的意思。尽管创造思维和产生新思想的思维活动是一个意思，但我们不能用创造思维来给智慧下定义，因为它不如产生新思想的思维能力容易理解和测试。

2. 已有的研究从智慧的三个要素的不同方面着手接近智慧的本质。在古代，人们普遍认为，智慧主要就是指具有丰富的知识，在近现代，有很多人又把抽象思维、逻辑思维、理性看作是智慧的主要标志，现代人们又越来越强调直觉、灵感等非逻辑思维在智慧中的重要作用，以至于人们提出了"右脑开发"这样的新概念。这三种对智慧的基本观点正是从智慧的三个主要方面、要素来接近智慧这个概念的本质的。

3. 从一般人对智慧的理解也可以证明我们给智慧下的定义。我们在日常生活中说某人是否聪明通常是看某人的点子、主意是否多，是否好，其实也就是用其新思想的数量和质量来衡量。一般人之所以把诸葛亮看作是智慧的化身，主要也是因为他"足智多谋"。

（三）确立智慧观的意义

对智慧的认识是一个漫长而艰辛的历史过程，但人们绝不能因此不进行关于智慧的理论研究。因为只有在实践中不断摸索，在理论上不断地研究，人们对智慧的认识才能越来越清楚，越来越全面。

提出智慧就是指具有产生新思想的思维能力，并非为了标新立异,而是力图在更深的层次上揭示智慧的本质,以便对人们追求智慧、培养智慧的实践有所帮助。如果我们提出的新的智慧观是正确的话,那么它就不仅具有这样一些理论意义:把对智慧本质的认识提高到一个新的高度,为从理论上进一步研究智慧的本质、特征等问题提供了新的基点和视野等;而且还具有如下三个方面深刻的实践意义,而这正是我们研究智慧本质的根本目的所在。

1. 它将使我们明确我们训练、培养智慧的方法和题所要训练和培养的智慧到底是什么,使我们的训练和培养有明确的目标,从而找到训练思维、培养智慧的更为有效的新方法。智慧的核心是创新思维,因此,培养智慧主要就是训练和培养创新思维能力。

2. 它也将使我们看到我们已经制作的训练思维、培养智慧方法的重心所在,那就是培养产生新思想的思维能力,并将更加自觉地这样做,更加有效地培养聪明才智。后面我们还要分析一些现代人们大力倡导的训练思维、培养智慧的方法。这些方法和我们提出的智慧观有内在的一致性,它们又反过来证明我们提出的智慧观是正确的。

3. 它也将使我们看到我们教学中的哪些观点、态度和方法是妨碍学生智慧发展的,从而加以避免和改正。人们在实践中已经总结了大量的训练思维、培养智慧的方法和题,这些方法和题为人们培养智慧的实践活动做出了较大的贡献。但由于这些方法和题不是在一个较为科学的智慧观的指导下制作出来的,就使得一些方法和题带有自发的盲目性,使得人们的聪明才智不能得到真正有效的训练和培养。新的智慧观要求我们避免和改正我们在教学中所存在的妨碍学生智慧发展的观念、态度和方法,积极鼓励学生开动脑筋,不断地提出新的问题,大胆地提出新的设想,从而培养学生产生新思想的习惯，培养学生产生新思想的思维能力，即智慧。

第二节 思　维

一、什么是思维

我看到天气比较灰暗，我感到天气闷热，我看到几处蚂蚁搬家，这些都不是思维，而是人们的感官对外在世界的感知。当我由前面的感知而想到可能下雨时，这种对感性材料进行加工处理的活动就是思维活动了。

思维，是脑对知识、信息进行加工处理的活动。这里的脑可以指人脑，也可以指电脑和动物脑。这是广义的思维定义。但目前人们对机器和动物的"思维"能否算作思维还存在着争议，因此我们采用了狭义的思维定义：思维是人脑对知识、信息进行加工处理的活动。一般把思维活动看作人的理性认识，是指人们在获得对事物的感性认识之后所进行的思维活动。但思维活动不等同于对感性材料进行加工的认识活动，还包括对已经形成的理性知识进行加工处理的活动以及对感性材料与理性知识混合在一起进行加工处理的活动。

思维是人类区别于其他动物的根本属性。人类在很多方面都不如其他动物，如果没有思维就和其他动物没有什么两样。人类之所以能成为宇宙的精华、万物的灵长，全在于人类能够思维。思维对人类来说具有巨大价值。帕斯卡尔在他的《思想录》中说："人只不过是一根芦苇，是自然界最脆弱的东西；但他是一根能思想的芦苇。""我们全部的尊严就在于思想。""人因为思想而伟大!"

思维对我们每个人也具有巨大的价值。思维能力是我们每个人最核心的竞争力。一位大学生,上学的时候,帮人开发程序。白天上课,课余开发。一个财务程序一顿饭的工夫就能完成,并且能挣3000美元。他想:我若成立一个开发公司,雇上几百人,岂不财源滚滚?说干就干,20年后,他果然成了世界上最富有的人之一。

俄罗斯17岁少年特诺夫斯基推出网聊新招,创意点子价值3000万美元。有一天,特诺夫斯基突发奇想,准备架设一个网站,让拥有网络摄像头的网友可以随机地进行网络聊天或视频聊天。当网友来到这个网站,他们可以和来自全球各地的陌生人进行视频对话,而聊天对象则由计算机随机安排。这种聊天方法有点像"轮盘游戏"。去年年底,特诺夫斯基所创立的聊天网站上还只有500名用户。但现在,这个名为"聊天轮盘"的网站每天有150万人次访问。俄罗斯的亿万富翁、谷歌等公司都争相要给特诺夫斯基投资。

法国大文豪巴尔扎克说:"一个能思想的人,才是一个力量无边的人。"

二、思维活动的两个内在要素及其关系

对事物的变化、发展产生影响的原因或条件,叫因素。在事物的诸多因素中,有的因素对事物的变化、发展是必不可少的内在因素,我们把这样的因素叫要素。影响人的思维的因素有很多,比如身体的因素、心理的因素等等,但对人的思维来说是必不可少的因

素的，也即是思维活动要素的却不多。思维活动究竟是由哪些要素构成的呢？前人的思考和研究为我们提供了众多的答案。概括起来，可以分为两大类：一类是思维活动中相对稳定的东西，是思维活动的基础、材料和结果，这就是知识；一类是思维活动中活的东西，它在思维活动中把各种不同的知识联系起来，这就是思维能力。如上所述，思维活动可以划分为逻辑思维和非逻辑思维，那么思维能力也可以相应地划分为逻辑思维能力和非逻辑思维能力。

知识和思维能力之间存在着本质的区别

1. 两者的存在方式不同。知识可以用语言、符号等表示出来，是相对稳定的东西；思维能力是一种活的东西，看不见，摸不着，很难用固定的形式把握它，但却确实存在着。

知识不等于思维能力，思维能力也不等于知识。但在实践中仍有一些人错误地认为有了知识自然也就有了思维能力，把知识错误地等同于思维能力，或错误地用知识来代替思维能力。春秋战国时期的赵括与三国时期的马谡，两人熟读兵书，谈锋雄健，论起兵法阵法，一个让其父赵奢自愧弗如，一个让一生谨慎的诸葛亮视为军中之花。然而，在实际作战中，他们的军事知识并没有转化为军事能力。

秦国进攻赵国，赵王听信谗言，撤回廉颇，任用赵括为将。秦国大将吴起听到赵括为将后，便带兵攻打赵营，然后诈败。而这时，赵括根据兵书上"一鼓作气""除恶务尽"的教诲，出兵追击，结果被乱箭射死。赵国士兵被秦将吴起坑杀四十余万，赵国从此走向衰落。马谡在守卫街亭的战斗中，不听王平劝阻，在山上屯兵，认为这样可"凭高视下，势如破竹"；如敌兵截断水道，我军也会"背水一战，以一当十"。马谡的这些观点都能在兵书上找到依据，可白纸黑字的兵书与刀光剑影的战场毕竟是两回事。蜀军被围后，不仅不能"以一当十"，反而"军心自乱，不战而溃"。马谡失守街亭，使蜀国永远失去了窥视中原的机会。赵王和诸葛亮的失误，就是被他们的夸夸其谈所迷惑，并把他们所掌握的死知识当成了他们的能力。

2. 两者在思维中的作用不同。知识为思维活动提供了原材料，没有原材料，思维活动无法进行；思维能力为思维活动提供加工处理知识、信息的能量，没有思维能力，思维活动也无法进行。思想的发展，仅仅靠知识的积累和博学，是行不通的。如果把知识比作建筑材料，那么思维能力就是建筑工人，是它把知识有机地联系起来，建立起各种不同的知识体系的大厦；如果把知识比作一盆盆鲜花，那么思维能力就可以被看作是摆放鲜花的人，正是思维能力把知识联结成各种不同形状、争奇斗艳、色彩斑斓的知识世界。知识是思维活动中相对稳定的东西，正是思维能力这个积极活跃的因素赋予它以灵魂，从而形成各种不同的知识体系，正像建筑工人赋予建筑材料以活的灵魂一样。

3. 两者的生理基础不同。知识作为一种记忆内容，常常是以记忆的形式贮存在大脑中的。在大脑中与记忆有关的内容是海马回颞叶以及乳头体。如将大脑两侧的海马回切除，病人对自己90分钟前所画的图画不能再认，不过，像推理能力等认识能力仍然正常。思维能力是同大脑额叶有关，当人的大脑额叶受损伤，人的思维就会发生障碍。例如，不能抽象地思维，不能预先做出计划，无法预料事情的结果，等等。

第三节 创新思维

智慧的核心是创新思维能力，也就是指人所具有的产生新思想的思维能力。要研究产生新思想的思维能力，必须研究产生新思想的思维活动。

我们把智慧定义为"具有产生新思想的思维能力"，就是鉴于"新思想"这个概念比较容易理解，"产生新思想的思维能力"比较容易理解。那么，什么是新思想呢？新思想又是怎么产生的呢？

一、什么是新思想

新思想当然是指在思维活动中产生的以前的思想、观念、知识中所没有的思想、观念、知识，也就是指在思维活动中产生的超出以前的思想、观念、知识的思想、观念、知识。这个定义很好理解。我们大家对"新思想"这个概念也都有清楚的认识。新思想不仅包括前人所未有的科学发现和创新，而且也包括对于任何个人自己来说是新的思想，而不管前人或别人是否有过这样的思想。按照这样广义的理解，新思想不仅包括科学发现、理论创新，还包括点子、计划、方案、心得体会等等。新思想的产生就是思维活动的创新。新思想可分为两种：一是对人类来说是新的思想；二是对个人来说是新的思想。

二、人人都能产生新思想

有人认为，新思想只与科学技术的发明创造有关，与己无关。

这是错误的。人类所涉及的所有领域都需要有新思想。

以前人们一提起创新，总认为它是指创造发明之类的较大的新思想的产生。在二十世纪前半期，"创造""创新"还被一种神秘感所笼罩，它们被认为是天才所专有的，一般人则不具有这种能力。六十年代前后，人们才逐渐树立起一种较为符合实际的观点，认识到创造力是每个正常人都具有的能力，不是个别天才人物所独有的神秘之物。照相机发明者爱德华·兰德说："一个人若能达到发明或思考对自己来说是新东西的程度，那么就可以说他完成了一项创造性行为。"杜威也说："只有傻瓜才把创造视为离奇幻想的事情。"

《21世纪的创造力——第三届亚太天才大会概述》中写道："与会者认为，创造性存在于人类活动的各个方面，它不仅包括视觉和表演艺术，而且也包括学术、学习、职业训练及政府的决策……"不仅文艺家、科学家能产生新思想，平常人也能产生新思想。平常人和文艺家、科学家所产生的新思想只有水平的高低，没有性质的差别。例如，文学家突然产生了一部鸿篇巨制的构思和初学写作者猛然间在零乱的素材中开辟了一条新颖的思路，两者在本质上是一样的。创造学有两条基本原理：一是创造力人人都有；二是创造力可以培养。

三、新思想产生的两个基本阶段

产生新思想的思维也就是创新思维或创造思维，创新思维或创造思维也就是产生新思想的思维活动。两者的思维过程在本质上是一致的。"一般说来，无论古代学者，还是现代学者，对创造思维的本质特征的理解是一致的，他们都把创造性思维看作是产生新知识、新概念的思维。"很多人都把科学的创新或创造思维过程作为产生新思想的典型形式来加以研究，这也是很有道理的。如果我们搞清楚了创新思维过程或创造思维过程，我们也就搞清楚了新思想的产生过程。现在的问题是：创新思维过程或创造思维过程到底是怎样的？换句话说，也就是新思想的产生过程到底是怎样的？

创新思维过程是怎样的，新思想的产生过程是怎样的，这是一个到目前为止人们还不很清楚的问题，也是一个众说纷纭的问题。比较有名的划分是英国心理学家华莱士于1926年提出的著名的四阶段创造过程。华莱士曾对创造性思维进行过卓有成效的研究。他研究了大量的科学家的传记和回忆录，最后得出结论认为，任何创造活动的过程都包括准备阶段、酝酿阶段、明朗阶段和验证阶段。一是准备阶段。在这个阶段里，创造主体已明确所要解决的问题，然后围绕这个问题，收集资料信息，并试图使之概括化和系统化，形成自己的认识，了解问题的性质，澄清疑难和关键等；同时开始尝试和寻找初步的解决方法，但往往这些方法行不通，问题解决出现了僵持状态。心理学家在划分时，有时将创造主体有关知识的学习、技能的训练等创造之前的必备条件划分在这一阶段内。二是酝酿阶段。这一阶段最大的特点是潜意识的参与。对创造主体来说，需要解决的问题被搁置起来，主体并没有做什么有意识的工作。由于问题是暂时表面搁置而实则继续思考，因而这一阶段也常被叫作探索解决问题的潜伏期、孕育阶段。三是明朗阶段。进入这一阶段，问题的解决一下子变得豁然开朗。创造主体突然间被特定情景下的某一个特定启发唤醒，创造性的新意识猛然涌现，以前的困扰顿时一一化解，问题顺利解决。这一阶段伴随着强烈而明显的情绪变化，这一情绪变化是在面临问题解决的一刹那出现的，是突然的、强烈的，给创造主体以极大的快感。这一阶段常被称为灵感期、顿悟期。

四是验证阶段。这是个体对整个创造过程的反思，检验解决方法是否正确的验证期。在这个阶段，把抽象的新观念落实在具体操作的层次上，提出的解决方法必须详细、具体地阐述出来并加以运用和验证。如果经试验并检验是正确的，问题便解决了。如果提出的方法失败了，则上述过程必须全部或部分重新进行。

从华莱士的创造过程四阶段论来看，有些问题并没有得到令人满意的解释。如创新思维一定要经过这四个阶段吗？如果在准备期创造者就想出一个绝妙的想法，难道就不算创造性思维了？"准备阶段"和"酝酿阶段"是不是应该看作常规思维阶段，而不应看作是创新思维阶段？因此，我们认为下面的"二阶段说"能更好地解释创新思维的过程。

中国哲学家胡适将创新思维的过程进一步概括为："大胆的假设，小心的求证。"胡适在《清代学者的治学方法》一文中指出："他们用的方法，概括起来，只是两点。（1）大胆的假设；（2）小心的求证。假设不大胆，不能有新发明。证据不充足，不能使人信仰。"这和二十世纪以来科学哲学家所推崇的科学研究的"假说演绎法"是一致的。"假说演绎法"在当代被视为科学探索的基本方法，这种方法认为科学发现和创新包括两个基本的阶段和方法：先假设，后演绎。也就是说，先通过假设提出一个新的思想、观点，然后再通过演绎法对之加以检验和论证。假说演绎法比较符合科学发现和创新的实际情况。假说演绎法和现代生理学关于割裂脑的研究也是一致的。"科学家出色的发明和发现，是首先由右脑发出的独特想法和主意，然后经位于脑正中的脑梁传到左脑，由左脑对它们进行逻辑上的证明，继而用语言（论文）和数据将它们表达出来。"

下面，我们来看一看魏格纳发现大陆漂移说的思维过程：

有一天，魏格纳在看地图时，注意到大西洋两岸的海岸线十分吻合，非洲方面有一个凹进去的海湾，对应的巴西就有一个凸起的地方，两边几乎完全可以拼合到一起。

这就引起了他的联想：难道大西洋两岸原来是连接在一起的吗？换句话说，他这时直觉到了大西洋两岸原来可能是连接在一起的。这时魏格纳的思维活动所依据的知识材料是很少的，这时的思维活动主要是非逻辑思维，这种非逻辑思维所得出的新思想、新观点必须获得其他知识材料的支持才能转化为较为科学的理论。后来魏格纳又经过逻辑推演找到了许多支持自己假设的材料：现今大西洋两岸的历史形成的地质构造是直接连续的。从大西洋的南面比较起，横断非洲南端的开普山脉，跨海之后，在南美布宜诺斯艾利斯出现。在中部，非洲片麻岩高原与巴西片麻岩高原的火成岩、沉积物以及古代褶皱的方向都完全一致。非洲西北部与巴西东北部，不仅海岸线可以拼合，而且新的岩石的分界线也正一一对应、跨海相连。往北，北半球的大西洋两岸的陆地也有颇多的联系⋯⋯

有了这些跨界线的地质配合，大西洋两岸陆地的衔接就不再是偶然的现象，而是必然的结果了。后来人们根据化石记录又发现：三亿年前，欧洲西部、北美东部同属热带植物区系。北美、西欧都发现同期同种的珊瑚、海滨生物、江河生物，而非洲、南美则共有同期同种的鱼类、爬虫类化石⋯⋯这样，大陆漂移说就由非逻辑思维的假设逐步发展为科学的假说了。

下面，我们再来看一看一个数学家被杀案件侦破的思维过程。

在某一英语国家发生了这样一起数学家被杀的案件：一个数学家被杀死在自己住的房间里，门牌号是313。由于犯罪现场遭到了严重的破坏，并没有留下多少证据痕迹，只是这个数学家手里死死地抓着一个小甜饼，让人感到很奇怪。很多办案人员都抓耳挠腮，感到这个案件无从下手。有一个侦查人员突发奇想：小甜饼在英文中的单词是"pie"，而"pie"与圆周率"π"谐音，而"π"可以表示3.14，当然也可以进一步表示314，而数学家所住的房间是313，是不是意味着是314房间的人作的案呢？是不是数学家临死前为我们提供的一个破案线索呢？侦查人员的这一突发奇想简直可以说是胡思乱想。但要破获这个案件，侦查人员没有别的办法，只好按照这个侦查人员的思路去侦查，对314房间的人进行明察暗访。果然，有一天他们发现314房间的人行为诡秘，提着箱子，开着车子，来到大海边，把箱子沉入海底。侦查人员把箱子打捞上来一看，是作案用的工具和血衣，化验得出的血型和数学家完全一致。再结合其他侦查材料，终于证明数学家被杀是314房间的人所为，最终破了案。

类似的例子，我们可以举出许多。一个新思想在产生之初所依据的知识材料一般都是比较少的。这时，由于支持这个新思想的知识材料较少，尚不能使这个新思想得到有效的支持。无论这时的思维活动表现为哪种形式，如直觉、假设、灵感、顿悟、猜想等等，都不符合充足理由律，我们都统称之为非逻辑思维。新思想被提出之后，接着而来的是通过逻辑思维对之加以推演、检验，论证，如果不正确，就重新提出一个新思想，再对之加以推演、检验，论证……直至最终形成一个有机的知识系统。科学的知识、体系并非一开始就是一个完善的知识系统，也就是说它们并非一开始就是科学，而是要经过一个由非科学到科学的发展过程。纵观一切科学发现和创新，无不经历了这样一个动态的发展过程。当然，有的日常思维活动的过程比较简单，看不出这样明显的阶段划分。科学思维是人类思维的典型形式，我们从科学思维中就能明显地看出新思想产生的阶段。

如此看来，新思想产生主要经历了新思想的提出和新思想的论证这样前后两个基本的思维阶段。前一阶段以非逻辑思维为思维活动的主要形式，我们也可以称之为非逻辑思维阶段；后一阶段以逻辑思维为思维活动的主要形式，我们也可以称之为逻辑思维阶段。

明确新思想产生的这样两个基本阶段是非常重要的。我们绝大多数新思想的产生都经过了一个由零散的、不系统的知识发展到系统的、完善的知识这样一个发展过程。很多科学知识在一开始都是不科学的，一般都经历了由非逻辑到逻辑的发展过程。如果我们在一个新思想产生之初就要求它是完全合乎逻辑的、系统的，那么这无异于用成人的标准来要求婴儿，无异于在一个新的思想刚刚萌芽之时就将它扼杀了，这样也就没有多少新的思想能够产生了。但很多人都在犯这种"科学主义"的毛病，在他们看来，如果一个新的发现在一开始是不科学的，就不允许其提出，这是非常错误和有害的。当然仅仅是提出一个新的思想是不够的，作为一个新思想产生的完整过程，我们还要对其进行论证。

杜威说："科学的每一项巨大成就，都是以大胆的幻想为出发点的。"绝大多数新的思想都是经过这么两个阶段产生出来的。只有少量新的思想是仅仅从逻辑思维中推导出来的。

例如，门捷列夫利用他发现的元素周期律（元素的性质随着元素的原子序数（即原子核外电子数或核电荷数）的增加呈周期性变化的规律）从理论上预测了许多先前化学中未知元素的存在，并对这些元素的某些性质做了描述。后来，这些元素果然被发现了，并且它们的性质也和门捷列夫所预见的很相符。

又如，耳垂有皱纹的人（有74%的人）患有冠状动脉疾病，他是耳垂有皱纹的人，所以，他患有冠状动脉疾病。很多人否认这种从逻辑思维中推导出来的少量的新思想是新的思想，因为这种新思想已经蕴含在前提材料中了。

因此我们说，绝大多数新思想甚至所有的新思想的产生都经历了由非逻辑思维到逻辑思维的过程。从哲学上来说，人的认识总是经历了一个由对事物较少联系到较多联系、由片面到全面的过程，也就是由非逻辑思维到逻辑思维的过程。

四、创新思维的两种基本形式

德国近代哲学家莱布尼兹说，我们的推理是建立在两大原则基础上的，一是矛盾原则，一是充足理由原则。凭着这个原则，我们认为，任何一件事如果是真实的，任何一个陈述如果是真实的，就必须有一个为什么这样而不那样的充足理由，虽然这些理由常常总是不能为我们所知道的。后人根据莱布尼兹的这些论述逐渐发展成为逻辑思维的第四条基本规律——充足理由律。充足理由律的基本内容是：在思维过程中，一个判断被确定为真，总是有充足理由的。充足理由律是逻辑思维的一个基本规律，并且是区分逻辑思维和非逻辑思维的根本标准。

莱布尼兹提出的充足理由原则是就推理而言的，也就是对逻辑思维而言的。只要我们仔细地考察一下我们的任一具体的思维过程，就会发现：如果我们的思维活动是建立在理由充足的基础上，我们就会把它称之为逻辑思维；反之，如果我们的思维活动是建立在理由不充足或很不充足的基础上的，那么我们就不会称之为逻辑思维，而会说它不是逻辑思维，或说它是非逻辑思维。

任何思想和论断，只有当它具有充分的根据，也就是具有充足的理由时，才能认为是正确的，是合乎逻辑的。例如，毛泽东在《论持久战》中，曾根据中日战争"乃是半殖民地、半封建的中国和帝国主义的日本之间在二十世纪三十年代进行的一个决死的战争"，根据对于日本和中国两方面的具体现实（敌强，然而是小国、退步、寡助；我弱，然而是大国、进步、多助）的科学分析，得出了"抗日战争是持久战，最后胜利是中国的"这个正确的论断。毛泽东的论述是符合充足理由律的，我们也会说毛泽东的论述运用了逻辑思维，逻辑性强。又如，某判决书陈述了被告人的诸多犯罪事实和诸多证据，然后做出正确的结论："本案事实清楚，证据确凿，被告人犯有某某罪。"那么，我们会说，这份判决书是符合充足理由律的，运用了逻辑思维，逻辑性强。

以上两例都是符合充足理由律的，都属于逻辑思维。下面，我们再举两例，这两个具体思维活动的过程都是建立在理由不充足或很不充足的前提基础上的，因此，都违背了充足理由律的要求，属于非逻辑思维。

例一，有一天，魏格纳在看地图时，注意到大西洋两岸的海岸线十分吻合，非洲方面有一个凹进去的海湾，对应的巴西海岸就有一个凸起的地方，两边几乎可以完全拼合到一起。这就引起了他的猜想：大西洋两岸原来是连接在一起的。

例二，某老师用白粉笔在黑板上画了个圆点，要某学生回答它代表什么，某学生根据圆点的外形轮廓和太阳的外形轮廓相似就说它代表太阳。

以上魏格纳和某学生的思维活动都不是逻辑思维，而是非逻辑思维，因为他们的思维活动都是建立在理由不充足或很不充足的基础上的：大西洋两岸的海岸线十分吻合不是大西洋两岸原来是连接在一起的充足理由，圆点的外形轮廓和太阳的外形轮廓相似也不是它代表太阳的充足理由。

我们还可以举出许多例子来说明。一个具体的思维活动，如果是建立在理由充足的基础上，符合充足理由律，人们就会称之为逻辑思维；反之，一个具体的思维活动，如果是建立在理由不充足或很不充足基础上，违背了充足理由律，人们就会称之为非逻辑思维。人们不会把一个建立在理由充足基础上的具体思维过程称为非逻辑思维，也不会把一个建立在理由不充足或很不充足的基础上的具体思维过程称为逻辑思维。人们在实际上已经把充足理由律当作区分逻辑思维和非逻辑思维的根本标准了。人们常说某某论述逻辑性强，通常指的是某某论述的事实清楚，理由充足，材料能充分地支持观点（或称之为材料和观点之间有内在的逻辑联系），而这两点正是充足理由律的两个原则要求。

关于逻辑思维必须符合充足理由的原则这一点，还比较容易理解和接受。很难设想，一个不是建立在理由充足基础上的思维活动，我们还能称之为逻辑思维。一个判断、思想、观点，如果有充足理由支持它，我们就会认为它具有逻辑性，我们也会认为这样的思维活动是逻辑思维。

相反，一个判断、思想、观点，如果没有充足理由支持它，我们就会认为它没有逻辑性，我们也会认为这样的思维活动不是逻辑思维，而是非逻辑思维。关于非逻辑思维都具有没有充足理由这个共同的本质特征这一点，人们就难以接受。因为非逻辑思维包括多种不同的思维形式，如直觉、灵感、猜想、顿悟、假设、横向思维等。难道这么多的非逻辑思维形式都具有不符合充足理由律这个共同的本质特征吗？我们认为答案是肯定的。人们在论述各种非逻辑思维活动的现象时，就已经或多或少地提及，下面我们不妨列举数例：

有人在论述直觉思维这种非逻辑思维时说："直觉思维是创造的根源……可以帮助个体在有关事实和证据不十分充分的情况下做出正确的预见和提出创造性假说。"

有人在论述猜想这种非逻辑思维活动时说："什么是科学的方法？如果用一句话来回答，那么它该是'猜测和检验'。在自然科学研究中，新的科学理论总是为了试图解决原有理论不能解决的问题而提出来的，在这种情况下，人们要根据不完全的知识背景、不充分的数据进行工作，这样就必须猜想。"

德波诺把思维活动分为两类，即纵向思维（逻辑思维）和横向思维（非逻辑思维），并一再强调横向思维这种非逻辑思维的重要性。在论述横向思维的特征时，他说："如果说纵向思维是可能性较大的思维，那么横向思维就是可能性较小的思维。"纵向思维之所以是"可能性较大的思维"，就是因为它是建立在理由充足的基础上的，"在纵向思维中，人们按部就班地前进，其每一步都必须有充分的根据"。横向思维之所以是"可能性较小的思维"，就是因为它是建立在理由不充足或很不充足的基础上的。

类似的论述还有很多，我们列举以上的论述是想说明，尽管非逻辑思维的表现形式各异，但它们都有一个共同之处，即都是一种建立在理由不充足或很不充足基础上的思维活动。否则，就不是非逻辑思维了，而是逻辑思维了。下面我们再来分析一下创造性思维和形象思维这两种比较特殊的情况。

创造性思维是一种产生新思想的思维活动。产生新思想主要依赖的是非逻辑思维，不过，新思想产生之前的酝酿过程以及新思想产生之后的论证过程都离不开逻辑思维的作用。因此，人们大都认为创造性思维是非逻辑思维和逻辑思维的融合和互补，但是也大都认为非逻辑思维是创造性思维的关键和核心，在创造性思维过程中起着决定性的作用。

创造性思维不仅要"创"，而且要"造"，先创而后造。无论是创造一个新思想，还是创造性地解决问题，还是创造一个新的事物，都必须先在思想上进行创新，然后再用逻辑思维把它造成一个逻辑系统。（如果是要创造一个新事物，就还要将之付诸实践。我们认为，创造性思维的"造"不是指制造一个新事物的活动，而是指把一个新的思想造成一个逻辑系统）在创造性思维活动中，"创"是关键，也是最难之处，"造"是次要的，也是较为容易之处，所以，有的人干脆就把创造性思维等同于非逻辑思维，也是可以理解的，也确实说明了非逻辑思维在创造性思维中的地位和作用。但却有失偏颇。创造性思维之所以不能像其他思维形式那样简单地被归结为非逻辑思维，就是因为它不仅要"创"，而且要"造"，这就离不开逻辑思维的作用。不过就其关键来说，主要还是非逻辑思维。

形象思维是以形象来进行的思维，是以形象为主要思维手段的思维活动。按照思维的信息加工理论，人的思维活动就是一个特殊的信息加工过程。形象思维也是一种思维活动，也是一个信息加工的过程。形象总是传递给人们若干信息，这些信息有的可以用语言符号表示，这和其他的语言符号所表示的信息一样。这些信息既可以被称为形象信息，也可以被看作是文字符号信息。有的形象信息则难以用语言符号表示，这是典型的形象信息。对形象信息进行加工处理的思维活动就叫作形象思维。如果关于一个对象的形象信息充足，由此加工做出结论，这样的形象思维活动就叫作逻辑思维，如教师用粉笔在黑板上画了这样的一幅画，画面的上方是一个粉笔画的圆形平面，周围又用红色粉笔画上虚线，画面的下方有人、田野，还有很多向日葵，它们都朝向画面上方的那个东西。那么请问这个画面上方的那个东西是什么？如果一个学生思考后告诉我们那是太阳，那么这时这个学生的思维活动是形象思维。由于这种形象思维是建立在前提材料比较充分、理由比较充足的基础上的，我们也可以把它叫作逻辑思维。如果关于对象的形象信息不充足，由此加工做出结论，这样的思维活动就叫作非逻辑思维。如我们上面所举的魏格纳发现"大陆漂移说"就是如此，"某学生根据圆点的外形轮廓和太阳的外形轮廓相似就说它代表太阳"也是如此。他们的思维活动就既是形象思维，又是建立在前提不充分、理由不充足基础上的非逻辑思维活动。

  由于事物的形象大多不能充分显示对象的实质，人们大多不能利用事物的形象信息必然地得出结论，所以，利用形象进行的形象思维大多是非逻辑思维。很多人都把形象思维和灵感思维、直觉思维并列，当作非逻辑思维的一种，也是可以理解的。但是利用形象进行的思维活动并不都是非逻辑思维，有些形象思维就是逻辑思维或可以转化为逻辑思维。上面所列举的田野上方的"太阳"的例子就是一例，这里我们不妨再举一例：宋朝文学家欧阳修得到一幅古画，画面是一丛牡丹，牡丹花下还卧着一只栩栩如生的猫，就去请教当朝宰相吴正肃。吴正肃说："这是中午牡丹。"欧阳修问："怎见得？"吴正肃解释说："一是花瓣分披，色泽浓艳而干燥，正是中午时候牡丹花的样子；二是猫的眼睛细长如线，是中午的猫眼形象。如果是清晨的牡丹，花瓣应是收缩而湿润，猫的眼睛就是圆的了。"

欧阳修听罢恍然大悟，十分佩服。

故事中吴正肃对于古画的解释，表明了一个完整的推理过程。讲得完整些，这个过程应该是：

> 如果花瓣分披，色泽浓艳而干燥，那就是中午的牡丹；
> 这里画的牡丹花瓣分披，色泽浓艳而干燥；
> 所以，这是中午牡丹。
> 此外，吴正肃还提出了一个推理：
> 猫的眼睛细长如线是中午的猫眼形象；
> 这里画的是细长如线的猫眼；
> 所以，这里画的是中午的猫眼形象。

严密的推论"这是中午牡丹"的判断就很有说服力了，因而使得欧阳修恍然大悟，十分佩服。

可以看出，人类的思维基本上可以划分为两种基本类型：逻辑思维和非逻辑思维。其他的思维类型都可以归结为其中的一种（或以其中的一种为主）和两种。很多不属于逻辑思维的思维类型都可归结为非逻辑思维，它们具有一些共同的本质和特征。

创新思维训练就是要训练这两种形式的思维，因此，思维的这种划分形式对于我们进行创新思维训练来说是很重要的。

第四节　创新思维的三个内在要素

一、从新思想的产生看创新思维的三个内在要素

智慧、智力究竟是由哪些因素构成的，至今仍是众说纷纭，尚

未有定论。其中有斯皮尔曼的"二因素论"（一般因素和特殊因素）、桑代克的"三因素论"（抽象或言语的智慧、具体或形象的智慧、社交的智慧）、瑟斯顿的"多因素论"（语词意义的理解、词的流畅、数字计算、推理、空间知觉、知觉速度、记忆），等等。我国学者则大多数持"五因素论"（观察力、注意力、记忆力、想象力、思维力）。这些分类大多是经验的概括和总结，很大程度上带有人为的成分，并没有多少理论上的根据。这里我们根据对智慧本质的理解，即从新思想的产生这个角度来看，认为构成智慧和创新思维的内在要素主要有知识、非逻辑思维能力、逻辑思维能力这三个。

（一）知识

要具有产生新思想的思维能力就必须具有一定的知识。要在某一领域产生新思想就必须具有相关领域的知识，要产生较高层次的新思想（如爱因斯坦的相对论）就必须具有较高层次的知识。知识是人类思维的原材料，知识是人类进步的阶梯。知识把人类的思想用语言符号等形式表现/呈现起来，便于后人和他人在已有的知识基础上继续向上攀登。没有或缺少知识作为原材料的思维是贫乏的、空洞的。因此，我们反对中国古代禅宗所谓的"不立文字"。

人类文明的发展历史表明，没有以文字符号等来表示的知识的出现，就不可能有人类思维的巨大进步和质的飞跃，也就没有人类今天这样高度的物质文明和精神文明。一般说来，一个人的知识储备越丰富，可供调动的知识越多，运用起来就可能越灵活，产生新思想的可能性就越大，能力也就越强。古人把智慧等同于知识虽然是错误的，但却也说明了知识对智慧的重要性。为什么在学校教育中要传授给学生那么多知识呢？我想我们绝不是为知识而知识。我们传授给学生知识一方面是为了让他们更多地了解和认识这个世界，但更重要的是为他们灵活地运用知识，创造新的知识，从而更好地适应这个不断发展变化着的世界并改造世界服务的。

（二）非逻辑思维能力

要具有产生新思想的思维能力还必须具有一定的非逻辑思维能力。如果没有非逻辑思维能力的参与，也就没有新思想的提出。非逻辑思维仿佛思维的雷达，没有它我们就不能捕捉到未知的对象。实际上，很多人也常常把有没有悟性看作是人的智慧的主要衡量标准。"许多人之所以不能超越自己，打不破自身已有的思维框架，原因在于悟力不足难以前进。悟性……往往来自非理性和非逻辑。"

尽管非逻辑思维所得出的初步假设和猜想很多都是错误的，但是这些初步假设和猜想并非是毫无价值的。因为通过非逻辑思维提出的新思想越多，新思想产生的机会就会越多。假定一吨矿石含金量为一克，那么如果含金量相同，则两吨矿石含金量为两克，十吨矿石含金量为十克。对于采金者来说，自然是含金的矿石越多越好。同样，对于新思想的产生来说，当然是提出的新思想的数量越多越好。

非逻辑思维对于新思想产生不仅是非常必要的，而且也是非常重要的。以前人们过多地强调了逻辑思维在人类思维中的地位和作用，忽视了非逻辑思维的地位和作用。这正如以前人们过多地重视左脑而忽视右脑一样。现在人们越来越多地认识到了非逻辑思维的重要作用，很多人把它看得比逻辑思维还要重要，特别是在新思想新观点的产生过程中更是如此。这也正如人们现在越来越重视右脑一样。

现在看来，越来越多的人越发深刻地认识到非逻辑思维的重要作用和地位，非逻辑思维确实是新思想产生的关键。过去，人们看不到或忽视非逻辑思维的重要地位和作用。这与人们不认识非逻辑思维有很大关系。现在，人们越来越充分地认识到了非逻辑思维的地位和作用，这反过来也说明，人们对非逻辑思维有了越来越多地认识。这为我们进一步探究非逻辑思维奠定了良好的基础。

（三）逻辑思维能力

要具有产生新思想的思维能力还必须具有一定的逻辑思维能力。如果没有逻辑思维能力，新思想提出后就不会得到论证，新思想的产生过程就不完整，这样的新思想就可能不正确、不科学，对人的言行就没有多少指导作用。因此我们也反对种种形式的逻辑虚无主义。

构成创新思维的内部要素主要就是这三个。这三个要素对于人的创新思维来说是必不可少的，所以我们将其称为内在要素。其他在外部对人的创新思维发生影响的因素，我们称之为影响人的创新思维的外在因素。一个人只要具备了创新思维的三个内在要素，就一定会拥有一定的创新思维能力，即智慧。有知识作为原材料，人的思维就有了基础和内容；有了非逻辑思维能力，人的思维就能越出已知的领域向未知的领域探索、前进，从而提出新思想；有了逻辑思维能力，人们提出的新思想就能得到一定程度的证明，就能把非科学的思想发展成为科学的知识。而这又为人类思维的进一步发展打下了坚实的基础。有了这三个要素，数量多、质量高的新思想就会源源不断地产生，人的创新思维水平也就会不断地得到提高。反过来，缺少其中的一个，人的创新思维水平就会受到很大影响。要培养创新思维能力，就必须增长知识，训练和培养非逻辑思维能力和逻辑思维能力。

弗朗西斯·培根就把"心灵的能力"分为记忆、想象和理性三个方面,并把历史和诗歌等学科分别划入记忆和想象的领域,把科学划归理性的领域。培根的这一观点和我们这里提出的智慧和创新思维的三要素观点是比较相近的。

一个人只要具备了这三个要素,就一定会拥有智慧。有知识作为原材料,人的思维就有了基础和内容;有了非逻辑思维能力,人的思维就能越出已知的领域向未知的领域探索、前进;有了逻辑思维能力,人们提出的新思想就能得到一定程度的证明,就能把非科学的思想发展成为科学的知识。而这又为人类思维的进一步发展打下了坚实的基础。有了这三个要素,人就能产生新思想,人就会有智慧。反过来,缺少其中的一个,人的智慧水平就会受到很大影响。要培养智慧和创新思维能力,就必须增长知识,训练和培养非逻辑思维能力和逻辑思维能力。

二、在现代社会,要树立辩证的知识观

一般说来,一个人的知识储备越丰富,可供调动的知识越多,运用起来就可能越灵活,产生新思想的可能性就越大,能力也就越强。古人把智慧等同于知识虽然是错误的,但却也说明了知识对智慧的重要性。

知识是重要的,没有知识就没有智慧。知识是智慧的三个内在要素之一。无知必然无智。但在现代社会,知识的以下几个特征充分地显示出来了,使得知识在人们的心目中再也不具有以前那样的神圣、庄严和崇高的地位。

(一)知识的无限性

在当今这个知识时代,知识不再是稀有资源,知识的获取和掌握也相对比较容易。在现代信息社会,知识、信息在飞速增长,并且这种增长呈现出一种加速度的趋势。英国科学家詹姆斯·马丁推测人类知识在19世纪大约每隔50年增加一倍,在20世纪前半叶每隔30年增加一倍,50年代每隔10年增加一倍,70年代每隔5年增加一倍,80年代每隔3年增加一倍。人们惊呼"知识爆炸""信息危机"。人们想以常规的记忆方式来记忆所有的知识、信息是不可能的。

一般来说,人接收信息的速度的最高极限为每秒25比特("比特"是信息单位)。如果以这一速度每天用10小时接受信息,并假定无遗忘率,那么70年内最多也只能接受3×10^9比特的信息量。而列宁格勒图书馆藏书量折合信息约为10^{13}比特,也就是说,一个人70年最多接受的信息量仅是其万分之三,再考虑到记忆的遗忘率,那就更是微乎其微了。再退一步说,即使是想阅读一遍专业文献也是"难于上青天"。

据统计,如果一位化学家以每周阅读40小时计,单单浏览在一年内世界上发表的化学论文及著作,就得耗时48年。我国著名科学家钱学森曾说过:"我当研究生时搞超音速空气动力学,我敢说全世界有关论文我都看过,因为一共也没多少,而现在我搬都搬不动,别说看了。"

在如此汹涌的信息流面前,人们感到无所适从,不知道该选择和吸收哪些知识、信息,并利用它们做出自己的判断。要想从容面对这个受到"信息污染"的信息社会,人们必须具有加工处理知识、信息的思维能力,否则就有可能被雪片似的知识、信息所吞没。

(二)知识的矛盾性

正是由于知识和信息在爆炸式地膨胀,知识的内在矛盾、知识的不确定性就越来越明显地表现出来。这位经济学家宣称,抑制通货膨胀要靠减免税收；另一位却争辩说，要靠提高利率。这位社会学家痛言，当今社会道德滑坡，世风日下，致使离婚率不断上升；那位社会学家则辩解，离婚率上升说明人们更加重视婚姻的质量。这位评论家说，金庸的武侠小说文化品位不高，艺术价值不大，难登大雅之堂；那位评论家则反驳说金庸的武侠小说不仅有较高的文学造诣，而且有较深的文学内涵，不失为雅俗共赏的好作品……面对如此混乱、复杂的知识、信息，人们必须具有一定的思维能力来加以辨别，决定取舍。

（三）知识的相对性

在数学方面，19世纪初创造的令人奇怪的几种几何学和代数学，迫使数学家们极不情愿地承认绝对意义上的数学以及数学真理并不都是真理。例如，他们发现几种不同的几何学同等地与空间经验相吻合，它们可能都不是真理。……认识到数学并不是真理的化身动摇了他们产生于数学的那份自信，他们开始重新检验他们的创造，结果发现数学的发展并不是完全合乎逻辑的。数学中不仅包括错误的证明，推理的漏洞，而且在很多情况下，直觉、实证及借助于几何图形的证明取代了逻辑论证。数学的许多基本概念，经不住逻辑的分析，如"数""基数""序数""无穷数""集合"等概念的定义，都包含着矛盾，数学这门被视为绝对可靠的科学的基础却是不可靠的。"数学基础"的研究导致了数学的"基础危机"。

在物理学领域，20世纪初爱因斯坦创立了相对论。相对论揭示了空间、时间同物质运动的密切联系，空间、时间都是相对的，这就否定了牛顿的绝对时空观。相对论的创立是物理学领域的革命，其意义远不止于它本身的科学价值，还在于它向人们表明科学的基础原来是不那么稳固的：我们既可以在牛顿确立的物理学基础理论上建立起经典的物理学,也可以在爱因斯坦所确立的基本理论的基础上创立相对论物理学。推而广之,就会使人们怀疑和担心科学(不只是物理学)理论本身的确定性。

数学、物理学可以称得上是榜样的科学了,连这样的科学知识都具有相对性的一面,别的领域的知识就更是如此了。

(四)知识的概括性

书本知识是什么?是经过大脑的思维加工之后所形成的一般性的东西,它往往表示一种理想的状况,而不是实际存在的状况,具有一定的概括性。比如说,几何学告诉我们,"点无大小""线无粗细""面无厚薄",这些都是理想化了的"点""线""面",仅仅存在于理解几何学的那些人们的头脑当中。不信,请在现实世界中找一找,哪个"点"没有大小?哪个"线"没有粗细,哪个"面"没有厚薄。现实世界是另一回事,它由无数个别事物所构成,其中每个事物都具有无数属性,每个事物和每种属性又不停地在发生着无数的变化。请想一想,甲乙两地相距离十公里,我从甲地到乙地是乘汽车快呢?还是骑自行车快呢?有些读者肯定会觉得,这个问题不算是问题。汽车的速度远远超过自行车,这是众所周知的常识。但是这个常识也有不灵验的时候。就说我自己吧,每天早晨上班,可以坐单位的班车,也可以自己骑自行车。在大多数情况下,骑自行车要比坐班车花的时间少,因为早晨的交通堵塞,班车总是在长龙一样的车流中爬行。所以,"汽车速度比自行车速度快",这只是理想状态的知识,是排除了具体条件之后所得出来的结论。但是我们无法在理想状态下乘汽车或者骑自行车,我们总是在一个具体的环境中乘车或骑车。那么,在某个具体的环境中,究竟是汽车的速度快还是自行车的速度快,则是一个很难说的问题。这是书本知识和现实世界的差距。"除了严密的科学领域之外,一般的知识往往包含例外情况,而不考虑例外情况的专家系统一遇到例外就会出错。但考虑了例外则又会使知识极度膨胀,明斯基曾举了一个生动的例子来描述这种情况:'鸟能飞——如果不是企鹅或鸵鸟,如果还没死,如果翅膀没断,如果没有关在鸟笼里,如果脚没铸在水泥里,如果没有遇到过足以使其不能飞的心理上的恐惧经验。'显然这些还远没包括所有的例外因素,何况例外之中还有例外,岔路上还有岔路。"

（五）知识的折旧率

在知识经济时代,知识增长的速度越来越快,知识更新的速度大大加快,也意味着知识的折旧更快了。知识折旧的问题被越来越多的人提起。当今世界的知识有两大特点:一是积累多,知识量大,多得叫人眼花缭乱,目不暇接;二是增长快,发展快,快得千变万化,日新月异,任何一项知识和技术都只有暂时性的意义,这使得人才资本的折旧速度大为加快。西方白领阶层目前流行这样一条危言耸听的知识折旧定律:"一年不学习,你所拥有的全部知识就会折旧80%。你今天懂的东西,到明天早晨就过时了。现在有关这个世界的绝大多数观念,也许在不到两年时间里,将成为永远的过去。"

大学毕业后要不了几年,学校里学的知识就可能大部折旧。面对如此情况,我们要不断忘掉一些、新学一些,不断地删除和清空一些旧的过时知识,装进新的知识。因为我们唯一能持续的竞争优势,只能来自比竞争者更快地更新自我,只能通过知识更新来使自己不断增值。勇于不断地否定自己,是避免陷入停滞不前的唯一途径。

（六）知识的遗忘率

19世纪德国的心理学家艾宾浩斯曾对人的遗忘现象进行了深入的研究，并得出了著名的艾宾浩斯遗忘曲线，成为发现记忆遗忘规律的第一人。他的研究指出，从开始学习的时间算起，过了20分钟，遗忘率为42%；过了1小时，遗忘率为56%；过了1天，遗忘率为66%；而过了1个月，遗忘率上升为79%，即已经忘掉了全部所学的近4/5！即使加上以后的重复学习和记忆，人的遗忘率也是很高的，第一年遗忘30%，第二年遗忘60%，到了第三年头，你曾经下苦力背的那些东西就所剩无几了。

另外，知识对人的创新思维还可能有阻碍作用。

智慧、创新思维的最重要、最显著的标志就是新思想的产生。而新思想是指超出以前的知识、观念、思想的知识、观念、思想。因此，要产生新思想，就必须对已有的知识、观念、思想等进行加工处理，得出一个与原有的知识、观念、思想不同的知识、观念、思想，甚至与原有的知识、观念、思想相反的、相矛盾的知识、观念、思想。这就要求我们要有马克思的"怀疑一切"的精神，敢于冲破既有知识、传统观念的束缚，大胆创新。居里夫人说："你发现的东西与传统的理论越远，那就与获得诺贝尔奖的距离越近。"戴维·希尔伯特这样总结到："你们是否知道，为什么在我们这一代，爱因斯坦说出了关于空间和时间的最富卓见和最深刻的东西？因为一切有关时间和空间的哲学和数学他都不曾学过。"

有时既得的知识、经验可能成为思想的羁绊。比如，我们对一个物体的固有功能的认识可能会妨碍我们对它的另一些新颖的甚至是稀奇古怪的意义加以认识。当我们完全习惯于接受关于事物的性质、规律、关系的传统的认识时，往往会对其他可能存在的性质、规律、关系视而不见甚至拒于千里之外。教育工作者也必须不断认识这个事实，即世界变化如此之快，以至于过去的"真理"常常不起作用，反而导向错误。用过去的"真理"来解决现在和将来的问题，再也不那么容易了。

为什么在学校教育中要传授给学生那么多知识呢？我想我们绝不是为知识而知识。我们传授给学生知识一方面是为了让他们更多地了解和认识这个世界，但更重要的是为他们灵活地运用知识，创造新的知识，从而更好地适应这个不断发展变化着的世界并改造世界服务的。

在现代社会，对知识应该有正确的认识。和知识相比，人们更看重加工和处理知识的能力，即生产知识的能力，也即思维能力。

三、创新思维能力的关键是非逻辑思维能力

影响创新思维的因素有很多，既有创新思维的三个内在要素，又有非智力因素，还有社会环境等等其他因素。但创新思维的内在要素就是知识、非逻辑思维能力和逻辑思维能力这三个。创新思维的这三个内在要素对人的智慧水平起着决定性的作用。培养创新思维能力就是要使创新思维的这三个要素都得到发展，也就是说要获取知识、训练和培养逻辑思维能力和非逻辑思维能力。相比较而言，获取知识、训练和培养逻辑思维能力是比较容易的，因为人们已基本上掌握了获得它们的有效方法；而训练和培养非逻辑思维能力则是很困难的，因为人们对非逻辑思维还没有足够的认识，还没有找到培养非逻辑思维能力的很有效的方法。也正因为如此，非逻辑思维能力的培养就还有很大潜力可挖，培养非逻辑思维能力也就成了培养创新思维能力的难点和关键。

在不同的领域，创新需要不同的知识作为材料和基础，人们可以通过学习各门学科，也可以通过实践来获得创新所需要的各种各样的知识，本教程不承担、也承担不了传授各科知识的任务。一般说来，知识的总量是在急剧膨胀的，人们现在获取知识、信息的渠道途径是广泛的、多种多样的，因而也是比较方便容易的。我们这里的主要任务不是传授各科知识，而是训练和培养创新思维的其他两个内在要素——非逻辑思维能力和逻辑思维能力，尤其是非逻辑思维能力。

第三章

非逻辑思维方法与非逻辑思维能力的培养

第一节 非逻辑思维的普遍性

前面我们以充足理由律为标准对逻辑思维和非逻辑思维进行了划分。按照这种划分,非逻辑思维就是指所有在没有充足理由的基础上就得出结论的思维活动,它包括直觉、灵感、顿悟、猜想、假设、幻想、横向思维等形式的思维活动。可以说在我们实际运用的思维形式中非逻辑思维比逻辑思维运用的范围更广,数量更多。在逻辑学教科书中所教导的、纯粹的逻辑思维,人们在实际中用得是相对较少的。

非逻辑思维是在人类的思维活动中普遍存在的一种现象。只要我们稍微留心一下就不难发现,非逻辑思维现象在生活中随处可见。在艺术鉴赏中,当人们观赏一幅名画,吟诵一首好诗,常常会受到一种心灵的共鸣或震撼而对其赞不绝口。若问好在哪儿?许多叫好者答不出来,犹如陶渊明所说:"此中有真意,欲辩已忘言。"在社会活动中,人们首次相见,往往会觉得对方或襟怀坦白、宽广,或城府深不可测。要问论据何在，倒也说不出所以然，这就是社会生活中的非逻辑思维。在战场上，指挥员亲临前线指挥所或一见战役态势图，就能很快明了战场形势，或觉自己被围，或感冲锋在即，随即下达行动命令而不必陈述理由。这是军事上的非逻辑思维。在医疗中，前来就诊的病人还在门口，有经验的医生只要察看一下病人的面色，就能很快知道病人的大致病情，这是诊断过程中的非逻辑思维。

可以说，非逻辑思维作为一种认识过程，作为一种脑的机能，贯穿在人类生活的各个方面，延伸于创造活动的所有领域。从建立现代物理学的新图景到房间里的家具布置，从决定一场战役到抓住一名罪犯，从创作一幅山水画到男女青年间的一见钟情，从审改一篇文稿到解出一道难题，凡有直接的综合判断这种思维活动的地方，凡有创造性认识与行为的地方，都有人的非逻辑思维活动存在。

第二节 非逻辑思维存在的客观依据

一、从现代系统科学的角度来看，对事物的认识离不开非逻辑思维

系统论认为，事物是以系统的方式存在的。每个事物都是一个系统，每个事物又都可以作为一个要素和其他事物一起构成一个更大的系统。整个世界就是一个由各种事物构成的一个复杂巨系统。系统的一个根本特征就是整体性，又称非加和性，也就是说系统的整体不等于它的部分之和。实际存在的系统主要是非线性系统。真实系统或多或少都具有非线性特性，严格意义上的线性系统并不存在。系统是运动的，一切实际存在的系统，原则上都是动态的，有其自身创生、发展和灭亡的动态过程。不能归结为各部分之和的非线性系统的动态演变会导致混沌。混沌是非线性系统的普遍行为。宇宙源于混沌，又复归于混沌。

系统的这些特征向传统的以逻辑思维为主的线性思维方式提出了严重的挑战。①由于事物的整体不能归结为它的各部分之和，我们就不能用对事物部分的把握直接形成对事物整体的认识；即使我们能由对事物各个部分的认识上升到对事物整体的认识，在对实际事物的认识过程中，我们也很难完全准确地认识事物的各个部分。②实际存在的系统是非线性的，我们不能完全用线性来代替非线性，况且我们也很难把握系统的所有的线性的情况。③实际存在的系统主要是动态的，对系统的大量的静态认识也不能代替对事物动态系统的认识，况且我们也很难把握系统的所有的静态的情况。④实际存在的系统的状态主要是混沌态，既没有不变的规律，也不是完全的没有规律，是有序和无序的辩证统一。所有这些都表明，人类很难掌握所要认识的实际存在的系统的所有信息。

信息完备的系统称为白色系统，反之则称为黑色系统，介于白色系统与黑色系统之间，部分信息完备，部分信息不完备的系统，称为灰色系统。人类所要认识的实际的系统主要是灰色的。系统之所以是灰色的，是因为我们没有掌握足够的信息使之变白。我们总是在以部分猜测整体，以线性猜测非线性，以静态猜测动态，一句话，我们是在以有限的信息来认识和把握（很大程度上是猜测）系统。由上述可以看出，人类的思维摆脱不了以有限的信息去猜测事物、系统整体的命运。这种以有限的信息来认识和把握系统的思维就是非逻辑思维。

实际存在的系统（事物）主要是动态的、非线性的，这样系统（事物）的运动会导致蝴蝶效应。对于这个效应最常见的阐述是"一个蝴蝶在巴西轻拍翅膀，可以导致一个月后得克萨斯州的一场龙卷风"。

我们可以用西方流传的一首民谣对此作形象说明。

丢失一个钉子，坏了一只蹄铁；

坏了一只蹄铁，折了一匹战马；

折了一匹战马，伤了一位骑士；

伤了一位骑士，输了一场战斗；

输了一场战斗，亡了一个帝国。

马蹄铁上一个钉子是否会丢失，本是初始条件十分微小的变化，但其结果却是一个帝国的存亡。这就是在军事和政治领域中的蝴蝶效应。

二、在很多情况下已经来不及进行逻辑思维，必须运用非逻辑思维

在实际生活中，人们经常会碰到这样的情况：还没有掌握足够的信息，但又必须立即作出结论。如战场上指挥员的决策、商业谈判中的决策、证券投资中的决策等，就常常因为时间不允许因而在没有足够信息的情况下大胆设想、猜测，并付之行动。如果我们一定要得出一个严密的、不冒风险的逻辑结论，那么常常就会失去时机，而机不可失，时不再来。

三、很多问题的认识和处理只需进行非逻辑思维就行了

在实际生活中，很多问题的认识和处理并不需要严密的逻辑思

维，只需进行非逻辑思维就行了。比如一些简单的日常活动和一些轻松的娱乐活动等。具体说来，今天吃什么饭菜、穿什么衣服等问题，我们通常只需简单地思考一下就能做出决策，并不需要做出一个合乎逻辑的唯一正确的结论。我们实在没有必要花半天的时间从各方面论证今天中午吃什么饭菜是最佳的选择方案。因为这些问题对我们并不是很重要，我们没有必要为此花费过多的脑力，把自己弄得焦头烂额；否则，我们就活得太累了，就得不偿失了。在一些轻松的娱乐活动过程中也不需要我们进行严密的逻辑思维，这样才能达到放松身心的目的。

四、非逻辑思维的存在有其脑生理基础

20世纪50年代末，斯佩里等人对割裂脑病人的脑功能进行了系统的研究。结果发现，对于绝大多数习惯于用右手以及大部分习惯于用左手的人来说，左半球与言语、推理、理智和分析等逻辑思维相联系，而右半球则与感知、空间知觉、直觉等非逻辑因素相联系。每一侧大脑半球都有其独立的功能，但在正常情况下，由于胼胝体等的连接，其两侧的功能得到了整合。通过割裂脑的研究，人们发现，在负责非逻辑思维的大脑右半球被切除后，"左脑人"能通过大脑有效地运用语言、交谈、阅读、写作以及做一些基本的算术，而且在某些需要按照顺序一步一步完成的活动中会表现得更好。不过有趣的是，当与这些人进行交谈时，他们的表情和语调往往比以前更单调，更无变化，更"机器人化"。随后的研究表明，这些"左脑人"已经失去了某些个性、直觉、想象力和洞察力。由此可见，非逻辑思维与人的大脑右半球有密切的关系。

第三节　研究非逻辑思维的重要意义

一、非逻辑思维是人类两大类思维形式之一

人类思维可以一分为二：逻辑思维和非逻辑思维。非逻辑思维是人类两大类思维形式之一，人们决不应该、也决不能将这一思维形式弃置一旁，不予重视。

二、计算机的出现和发展使人的非逻辑思维能力的重要性突现出来

现在计算机能模拟和代替人进行许多活动，甚至能模拟和代替人进行逻辑思维活动，但至少在目前计算机还不能模拟和代替人进行非逻辑思维活动。即使从长远的观点看，计算机能不能进行非逻辑思维活动还是一个很成问题的问题。非逻辑思维能力也就成了人类所特有的能力，其价值也就不言自明了。

三、非逻辑思维是智慧和创新思维的关键要素

古希腊哲学家柏拉图认为，直觉是智慧的核心。关于非逻辑思维在产生新思想中的作用，是智慧和创新思维的关键要素，我们前面已做过大量的论述，这里不再赘述。科学发现、理论创新以及其他新思想的产生都是逻辑思维和非逻辑思维共同作用的产物。很多人都认为它们主要是非逻辑思维的产物。

四、非逻辑思维能力的培养还有很大潜力可挖

现在人类对非逻辑思维的认识还非常模糊,非逻辑思维的训练和培养也是一件很困难的事。一旦人们认识了非逻辑思维的本质和培养非逻辑思维的根本原则和方法,那么人们就可以自觉地、有效地培养自己的非逻辑思维能力了。

当然,我们强调非逻辑思维的重要性,并不是要用非逻辑思维取代逻辑思维,事实上非逻辑思维也不可能取代逻辑思维。非逻辑思维所提出的新思想必须经过逻辑思维的加工才具有最终的价值。然而非逻辑思维毕竟是我们的弱项,被我们的传统教育所忽视。水桶理论又称水桶原理或短板理论。水桶理论告诉我们,一只桶的装水量往往取决于最差、最短的那块木板。就组成智慧和创新思维的内在要素来看,知识和逻辑思维能力这两块木板应该说是比较高的,因此注重训练和培养非逻辑思维能力,肯定能"少投入、多产出",人的智慧、创新思维水平也会随着非逻辑思维能力的提高而得到相应的提高。

第四节 非逻辑思维的本质特征

当我们对某一对象还很不了解时,我们就无法认识它,我们对支配它的本质和规律盲然无知,只是知道这种事物受着我们所盲然无知而又不可抗拒的力量支配着。这种力量通常被我们看作是超自然的、天赋的。人们对非逻辑思维的认识也是如此。有人把非逻辑思维当作神赐之灵感,也有人把非逻辑思维看作是天赋之直觉,还有人把非逻辑思维当成神秘的第六感,也还有人把非逻辑思维看作是假设、猜想、顿悟、横向思维等。人们把一切不符合逻辑思维规律和规则的思维现象都当作是非逻辑思维。人们还常常把这几种思维形式混同起来,例如,由原教育部委托十几所院校编写的《自然辩证法讲义》认为:"这种一下子使问题澄清的顿悟,开始还没有得到严格的逻辑证明,人们称之为'直觉',而这种'直觉'的产生就是所谓'灵感'。"由此看来,所有这些非逻辑思维现象应该是有共同的本质和一些共同特征的。否则,人们是不大可能将它们都归结为非逻辑思维这一类现象。那么,它们究竟有什么共同本质和哪些共同特征呢?

现在我们对逻辑思维有比较清楚明确的认识,因此我们可以用逻辑思维作为相对的参照物来研究非逻辑思维,这可能是一个通过已知探索未知的有效途径。众所周知,莱布尼兹提出了一个逻辑思维的基本规律——充足理由律。这个规律认为,在思维过程中,一个判断被确定为真,总是有充足理由的。我们认为这条规律不仅是逻辑思维的根本规律,而且还是划分逻辑思维和非逻辑思维的一个根本标准。反过来说也是一样,充足理由律能把逻辑思维和非逻辑思维区分开来,因此我们认为充足理由律是逻辑思维的一个基本规律。一个非常简单的事实是:我们决不会把一个具体的没有充足理由的思维活动过程看作是逻辑思维;我们也决不会把一个具体的有充足理由的思维活动过程看作是非逻辑思维。人们在事实上已经把充足理由律当作划分逻辑思维和非逻辑思维的根本标准。也许我们以前没有认真地思考过这个问题,但只要我们认真地思考一下,事实确实如此。

一个判断、思想、观点,如果有充足理由支持它,我们就会认为它具有逻辑性,我们也会认为这样的思维活动是逻辑思维。关于逻辑思维都必须有充足理由这一点,人们比较容易接受。

相反,一个判断、思想、观点,如果没有充足理由支持它,我们就会认为它没有逻辑性,我们也会认为这样的思维活动不是逻辑思维,而是非逻辑思维。关于非逻辑思维都具有没有充足理由这个共同的本质特征这一点,人们就难以接受。因为非逻辑思维或以非逻辑思维为主的思维活动包括多种不同的思维形式,如直觉、灵感、猜想、顿悟、假设、横向思维等等,甚至有人也把创新思维、形象思维也看作非逻辑思维。难道这么多的非逻辑思维形式都具有不符合充足理由律这个共同的本质特征吗?我们认为答案是肯定的。前面我们已对这个问题做了大量的论述。

通过对各种非逻辑思维类型的分析研究,我们可以发现非逻辑思维具有如下一些共同的特征。

一、前提材料的不充分性

这是非逻辑思维所具有的一个最明显、最本质的特征。既然非逻辑思维是指在前提材料不充分或很不充分的情况下所进行的思维活动,那么,对于任何一个非逻辑思维的结论来说,支持这个结论的前提材料就总是不充分或很不充分的。我们在做出一个非逻辑思维的结论时,往往只是考察了一类事物的部分对象或一个事物的某些方面,就对一类事物的所有对象或一个事物的全部作判定。极端的情况是,我们只知道对象的一点点信息就做出大胆的假定性的结论。这是非逻辑思维活动的典型形式。举例来说,魏格纳发现大陆漂移说就是如此。当魏格纳产生了大陆原来是连接在一起的,后来发生漂移才形成现在这样状态的非逻辑思维时,他所依据的前提材料仅仅是：从地图上看，非洲和南美洲的外形轮廓非常吻合（当然还有其他一些背景知识）。显然这一点前提材料对于整个大陆漂移说的结论的支持是不充分的，甚至是很不充分的。

二、思维过程的突发性

逻辑思维是在前提比较充分、理由比较充足的情况下进行的思维活动。既然理由已经比较充足了，那么人们只要根据一定的逻辑规则就不难做出结论了。这种思维活动人们比较容易控制。人们一般也都不认为它的产生具有突发性。相反，非逻辑思维则不是人们想在什么时候产生就能产生的，而是在人们对某一对象的认识积累了一定材料的基础上产生的。但是前提材料积累到什么程度才能产生非逻辑思维，这是不能确定的，只能因人而异、因时而异。有的人只从经验世界的一两点暗示就能找到问题的症结及其答案（如爱因斯坦），有的人在真理碰到鼻尖时仍丈二的和尚摸不着头脑。第谷积累了那么多的天文观测材料，但是始终未能找到行星运动的规律，而克卜勒对第谷的观测材料进行思考和研究，最终洞察到了行星运动的三大定律。非逻辑思维产生的突发性还主要表现在：有时它是人们深思熟虑之后突然产生的一种思维现象，有时它又是人们在不经意中突然产生的一种思维现象。

第一次世界大战德法交战期间，德军一个参谋人员天天用望远镜观察法军阵地上的情况。有一天他发现法军阵地后方的一个小坟堆上，每到上午八九点钟总会有一只波斯猫在晒太阳，接连三四天都如此，便报告了指挥官。德军指挥官是个思维很敏锐的人，一听参谋的报告，立即调集了6个炮兵营对整个坟场进行地毯式炮击。事后一查，法军的一个旅指挥所在这次轰击中彻底被消灭。

那么,德军指挥官如何知道这里的地下有法军的高级指挥所呢?原来,他分析:第一,这只猫不是野猫,野猫不可能在炮火纷飞的阵地上定时出没;第二,周围没有人家,波斯猫的栖身之处就在坟包附近,很可能是在一个地下掩蔽部;第三,波斯猫是名贵品种,在战斗中还有条件养这种猫的人,绝不是一个普通军官。因此,那个掩蔽部是个高级指挥所。故命炮兵集中轰击坟场,果然真的炸毁了一个高级指挥所。

著名的科学家爱因斯坦曾经说过一句貌似唯心的名言:"人们能看到什么,不是取决于他们的眼睛,而取决于他们运用什么样的思维。"

由上所述,非逻辑思维的产生似乎是完全偶然的,不可捉摸的。这实在是一种误解。尽管非逻辑思维的产生具有突发性、偶然性,但是这种突发性、偶然性又是由其本质的东西决定的,这种本质的东西就是较强的非逻辑思维能力。尽管我们不能具体地控制非逻辑思维在某时某地某种条件下产生出来,但是只要我们养成非逻辑思维的习惯,培养出较强的非逻辑思维能力,就有可能产生较多较好的新思想;否则,就较少能产生新思想。德波诺说:"如果说产生新想法纯属机遇,那么像爱因斯坦这样的人为什么会比其他人产生如此之多的新想法呢?发明家或著名的科学家们往往产生一连串的新想法,而不是单单产生一个新想法。这就是说,某些人善于产生新想法,而有些人在这方面的能力稍差一些。这种能力不只是与智力有关,更主要的是取决于大脑特定的习惯和思维方法。"在这里,德波诺正确地指出了新思想的产生主要"取决于大脑特定的习惯和思维方法"。

三、结论的盖然性

由于非逻辑思维活动建立在较少的知识材料的基础上,前提到结论的过渡是没有充足理由的,不是必然的,这就决定了其结论是不可靠的,是可错的。当魏格纳产生大陆原来可能是连接在一起的想法时,这个新想法就是很不可靠的,是易错的。我们可以说它是魏格纳的猜测和妄断。只有当魏格纳搜寻到支持这一结论的许多证据时,大陆漂移说才逐渐地得到逻辑证明,转化为一种较为科学的假说。

非逻辑思维的结论具有盖然性,也就是说,非逻辑思维产生的新思想是可错的。而且实际情况是,许多非逻辑思维的结论都是错误的,但是我们不能由此就否认非逻辑思维的作用。我们常常说错误是正确的先导。如果我们怕犯错误而不敢进行大胆的尝试性的思维活动,那么正确的新思想就永远不会获得,知识也就不会进步。

第五节 非逻辑思维能力的训练和培养

一、人的能力获得的两条主要途径

人的能力的获得主要通过两条途径:一是先天遗传的,二是后天培养的。先天遗传的能力叫作本能,如人生下来就会吮奶,后天培养的能力是指通过后天的学习和练习而得到的。一些简单的、低级的能力可以通过先天遗传获得,而复杂的、高级的能力就不能靠先天遗传获得,必须通过后天培养方能获得。人的思维能力是复杂的、高级的能力，主要是后天培养出来的。日本人上武正二对同一家庭中养育的同卵双生子与异卵双生子进行比较研究后指出，在智力、知觉、手腕运动、注意、记忆、推理等智力机能方面，遗传制约性弱；在眨眼反应、皮肤电反射生理心理机能方面，遗传制约性强。

二、非逻辑思维能力主要是培养出来的

正常人生下来就具有思维的潜能，这种潜能能否实现以及实现的程度如何则主要取决于后天的培养。换言之，一个人具有什么样的思维能力固然与先天的遗传密切相关，但是却主要取决于后天的培养。这一点正成为越来越多的人的共识。

后天培养的能力也叫习得的能力。培养的主要方式是习得。"习得"的"习"有两层含义：一是学习、理解；二是反复练习使之成为习惯。如果把这两层含义综合起来，那么所谓"习得"就是指学习理解之后反复练习使之成为习惯的活动。美国成功心理学家希尔博士曾经这样说过："播下一个行为，就会收获一个习惯；播下一个习惯，就会收获一种性格；播下一种性格，就会收获一种命运。"当然能力习得的方式不同，对学习理解的要求程度也不相同。有的习得方式包含较少的学习理解成分，甚至不包含学习理解的成分。

我们这里不妨借用美国心理学家桑代克所做的试验来加以说明。桑代克在实验中，将一只饿猫关在笼里，笼外放着它能看到的鱼，于是猫尝试用爪求食，求之不得，就乱跑、乱抓、乱咬，尝试出笼吃鱼，做出许多无效的动作，尝试与错误反复交替，后来偶然拉动了绳，或推动了门栓或其他装置，笼门被打开，猫逃出笼外取得食物。实验者记下这个过程所需的时间。在下次实验中，猫并没有领悟到出笼的办法，仍重复同样的尝试与错误的过程，只是无效的动作逐渐减少，尝试与错误的过程时间逐渐缩短。直至最后，猫一入笼便会打开笼门，这就算学习成功了。在实验中，猫习得打开笼门的能力所包含的理解成分就很少或者说是没有。

  一般说来，一些简单的能力的习得所包含的学习理解的成分较少或者没有；相反，一些复杂的能力的习得就往往包含有较多的学习理解成分。人类的许多复杂能力的习得（特别是有效的习得）一般都包含有较多的学习理解成分，也就是说，很多复杂能力的习得都经过先从理论上掌握、后在实践中反复练习的过程。例如人类逻辑思维能力的习得或培养就是如此。教师先教给学生逻辑思维的规律和规则以及一些之所以如此的道理，让学生学习理解之后，再反复练习，做大量的练习题。这样做就可以有效地培养学生的逻辑思维能力。事实证明，对逻辑推理能力等进行训练和培养是完全可行的。

  非逻辑思维能力是人类的一种非常复杂和高级的能力，这种能力的获得更是主要取决于人们后天的习得或培养。这种能力的获得固然离不开人类天赋的这种潜能，但正常人都具有这种天赋的潜能。因此这种非逻辑思维能力强弱程度（这种潜能的实现程度）就主要取决于人类后天的培养。所谓"神赐""天赋""天才"之说，只是人们在没有找到有效的培养非逻辑思维能力的情况下的一种托词而已。一旦找到了有效培养非逻辑思维能力的正确途径，我们还能说非逻辑思维能力是神赐或天赋的吗？

  人们遵循逻辑规律和规则，进行逻辑思维的训练，养成逻辑思维的习惯，也就培养出了较强的逻辑思维能力。关于逻辑思维，人们的认识还是比较清楚的，人们也找到了训练这种思维能力的有效方法。

　　同样，要培养较强的非逻辑思维能力也要遵循一定的原则和方法，培养出一种思维活动的习惯。培养非逻辑思维能力必须遵循的一条根本原则，是思维活动要建立在较少的、不充分的知识材料的基础上。在这一原则指导下，养成一种由较少的、不充分的知识材料过渡到结论的思维活动的习惯，那么就能培养出较强的非逻辑思维能力。也只有培养出这样一种良好的思维习惯，才能培养出较强的非逻辑思维能力。

　　要想提高游泳水平，就得下水锻炼，长期地、刻苦地训练。同样道理，如果要想提高非逻辑思维能力，增强在较少的知识材料的情况下得出结论的思维活动的能力，就必须长期地、经常地进行这样的思维活动——在较少的知识材料的情况下得出结论的思维活动。长期地、经常地进行这样的思维活动训练，人们就会形成一种思维活动的惯性，这种思维活动的惯性就是一种较强的非逻辑思维能力，它将使人们善于在知识材料较少的情况下做出结论；在知识材料一定的情况下，人们就能产生更多的新想法。

　　非逻辑思维能力是创造思维能力的一个关键要素，奥斯本关于创造思维能力的论述同样也适用于我们这里关于非逻辑思维能力的论述："我们的创造性与其说是通过恐惧、愤怒、爱情、悲伤、憎恨或欲望的刺激而得到加强，不如说是通过习惯和好奇心而得到加强。""一切想有所创造的人们都要用有意识的方法力求成为有创造性的人。成为富有创造性的人的最好方法还在于应用创造性，也就是说，要不断地寻求有待解决的新的创造性问题……"

　　从最直接的意义上来说，思维能力必须在思维活动中加以培养。要培养较强的非逻辑思维能力就必须在日常的思维活动中养成非逻辑思维的习惯。也就是说，在日常的思维活动中我们要敢于和善于进行在知识材料不充分的前提条件下就得出结论的思维活动。这样的一种思维习惯也可以在我们分析实际问题和解决实际问题的思维活动中加以培养。不过，我们最好还是先培养出较强的非逻辑思维能力，然后再去分析和解决实际问题，这样就不至于使我们在遇到实际问题时，不具有较强的思维能力，不能有效地应对。因此，我们不能让自身的思维能力在实际生活和工作中自发地加以训练。因为这样做一是不能有效地训练我们的思维能力，二是可能会给我们的工作和生活带来损失。然而令人遗憾的是我们的教育尚没有把非逻辑思维能力的培养看作是教育的一个很重要的任务。

正如 R·布莱克里斯所说："一个人在世界上的成功，多半还是依靠他的直觉方面曾经得到过多大程度的意外发展。"之所以说是"意外"，是因为当今的教育大多是不会自觉地去发展这个方面的。布鲁纳也曾经正确地指出，为了使学生做出聪明的推测，应当鼓励学生去猜想。然而让他感到遗憾的是，在学校的许多班级里，猜想会受到严重的处罚，而且不知道什么缘故，还同偷懒联系起来。不少教师不喜欢偶尔进行这种思维跳跃的学生，而喜欢循规蹈矩一步一步向前的学生。一步一步地分析是"推"，偶尔做出跳跃是"猜"。

第六节 非逻辑思维训练的原则

人们提出的思维训练原则有很多，比如适时的原则、适度的原则等。这里，我们根据前面对智慧和创新思维的理解提出以下三条思维训练的主要原则。

一、要经常进行思维训练

如前所述,创新思维能力主要指人的思维能力,尤其是人的非逻辑思维能力;而要具有较强的思维能力,尤其是非逻辑思维能力,就必须进行思维训练。要真正做到经常进行思维训练,必须把握以下几点。

(一) 对思维训练的重要性要有足够的认识

思维是非常重要的,所以培养思维能力的思维训练也是非常重要的。现在人们对思维、思维能力、智慧的本质等问题的认识还不很清楚,人们尚未找到非常有效的思维训练方法,很多人想训练自己的思维,但并不清楚如何才能有效地训练自己的思维。这也是人们不重视思维训练的一个重要原因。

尽管人们现在对思维、思维能力、智慧的本质等问题的认识还不很清楚,但是人们对这些问题还是有一定认识的,人们也找到了许多比较适用的思维训练的理论和方法。实践证明,许多理论和方法还是比较有效的。

身体要强壮,必须进行锻炼;大脑要发达,必须进行训练。俗话说,"刀越磨越快,脑越用越灵""多思出智慧"。这种观点早已有之。战国时代的《韩非子》提到:"智力不用则君穷乎臣。"欧洲近代持"形式训练说"的人认为,要发展官能,除练习以外,没有别的办法,他们认为感官是越用越敏锐的。记忆力因记忆而增强,推理力、想象力则由推理、想象而长进。这些能力如果不用就变弱了。这些简单而又朴素的真理对于我们训练思维能力,培养智慧都有重要的理论指导价值。

思维训练有其生理学的依据。用进废退是生物发展的一条自然法则，大脑也不例外。大脑是在学习知识、获得信息的过程中不断发育、生长着的。大脑长期不用就会萎缩退化。科学家们发现，后天的训练也可以使脑组织发生变化。例如，将老鼠分别放在刺激丰富的环境里和缺少刺激的环境里饲养若干周后，解剖在两种环境中生长的老鼠，结果发现，放在刺激丰富环境里的老鼠大脑皮层增厚，神经纤维的突触增加。最近，一位美国心理学家发现，尽管人到30岁以后就开始每天死去大约十万个脑细胞，这是一条自然规律，但是，如果在一种崭新的环境刺激下，不仅脑神经细胞不会死得这么快，这么多，而且，在旧的神经根上还能长出新的神经来。有的生理学家认为，要想聪明，除了通过学习给大脑以刺激之外，别无他法。只要能科学合理地使用大脑，学习不但不会伤害大脑，反而是促进大脑健康发育的营养剂。

根据日本的调查资料，工作紧张多用脑的人，智力比懒散者高百分之五十；平常智力负荷很少、没有学习和思考方面的压力、甚至整天无所事事、思想懒惰者，智力衰退就早，并易得老年性痴呆。巴登大公国的王子卡斯巴·豪瑟，三岁时被争夺王位的宫廷阴谋家幽禁在地牢里，不准他与任何人接触，在与世隔绝13年后才被放出来。这个17岁的小王子表情、举动、智力完全像个幼儿。当他22岁被暗杀身亡后，曾对他的大脑进行解剖，发现他的大脑很小，大脑皮层没有覆盖住小脑部位，大脑皮层的沟回呈萎缩状态。可见大脑长期闲置不用会造成多么大的危害。因此，要诱发直觉、灵感等非逻辑思维，加速大脑中信息之网的流畅性，就一定要多用脑，多"伤脑筋"。牛顿为什么能从苹果落地悟出万有引力定律？请听他的回答："我一直在想、想、想……""我的成就，当归功于精力的思索。"

（二）必须抽出时间进行思维训练

有人认为，人们在工作、生活的实践中就可以使自己的思维得到训练，使思维能力得到培养，不必专门花费时间和精力去进行训练和培养。这是一种片面的观点。尽管人们在工作、生活中也可以使思维能力得到训练和培养，但是这种训练和培养是自发的，不自觉的，所以不能有效地训练和培养人们的思维能力。詹姆士说："我们从清晨起床到晚上睡觉，百分之九十九的动作，纯粹是下意识的、习惯性的。穿衣、吃饭、跳舞乃至日常谈话的大部分方式，都是由不断重复的条件反射行为固定下来的东西。"许多工作的安排都是只考虑速度和最大产量，都是为了减少那些必须首先加以考虑的陌生因素，从而能保证按部就班地完成工作，这就是通常的"效率"。新颖的思想以及产生新颖思想的自发个性常常被回避，有时还会受到责难。你也许很难接受这样一个事实：你的大段大段的人生可以由机器人来支配；你也许会认为别人也许是这样，但"我是本能的"。

要有效地训练和培养自己的思维能力，就必须花费时间专门去进行思维训练。这不仅对于不在专门进行学习和研究的人来说是必要的，而且对于正在学习和研究的人来说也是非常必要的。因为只有进行有效的思维训练，才能有效地培养思维能力，增长智慧。许多著名科学家都强调：从事科学研究，不仅要认真地做实验，而且要有专门的时间去思考。苏联昆虫学家柳比歇夫说："没有时间思索的科学家（如果不是短时期，而是一年、二年、三年）那是一个毫无指望的科学家；他如果不能改变自己的日常生活制度，挤出足够的时间去思考，那他最好放弃科学。"卢瑟福是一个大科学家，一次他走进实验室看到一个学生伏案工作，便走过去关切地问道："这么晚了，你还在做什么？"学生回答："我在工作。"卢瑟福进一步问道："那么你早晨也工作吗？"学生以期待老师赞许的神情说："是的，教授，早上我也工作。"卢瑟福迟疑了一下说："那么，这样一来，你用什么时间来思考呢？"中国学生常常勤奋有余、思考不足，而没有思考的勤奋是不具有多少意义的。

萧伯纳说："恐怕你们不常想吧。在一年中想两三次的人已经不多。我每星期总想一两次，所以名闻天下。"爱迪生说："人总是逃避艰苦的思索。不下决心艰苦思索的人，便失去了生活中最大的乐趣。"

现代生活的节奏变快了，人们也比过去更忙碌了。许多人花费大量的时间去做很多事，唯独不知道、也不愿意花费时间去思考。从某种意义上说，这样做类似于舍本逐末。因为不抽出时间去思考，思维能力就不能得到有效的提高，心理得不到很好的调整，很多问题不能得到很好的、很有效的解决。

在钢铁大王安德鲁·卡内基的书桌上方醒目地贴着三句话：

不能思考者是傻瓜。

不想思考者是顽石。

不敢思考者是奴才。

二、要养成大胆设想的习惯

美国著名心理学家布鲁纳认为，直觉思维（非逻辑思维的一种典型形式）是组合部分信息（几个线索），利用一闪念，感知事物结构全貌的思维。直觉思维的这种进程，正因为不是逻辑地一步一步向前的算法，所以不易指导。然而从部分信息进行推测，达到全貌的感知——这种指导,是非常重要而且可能的。布鲁纳的这一看法和我们前面关于非逻辑思维的论述完全一致。科学研究发现,人后天所获得的能力主要是"习得"的,也就是通过反复练习养成习惯而后获得的。培养由不充足的理由(作为前提)得出结论的非逻辑思维的习惯,也就能有效地培养了非逻辑思维能力。除此之外,非逻辑思维能力的培养现在还缺乏更为有效的方法。

要养成非逻辑思维习惯,首先要对非逻辑思维有正确的认识。尽管非逻辑思维所得出的初步假设和猜想很多都是错误的,但是这些初步假设和猜想并非是毫无价值的。鲁迅的《狂人日记》中写道:"赵家的狗何以多看我两眼?"这个狂人的思维难道没有意义吗?我认为是有意义的。凡事问个为什么,再大胆猜想一下原因非常重要,可以使我们提前做好准备和预防。赵家的狗多看我两眼,我要想到它可能要咬我,提前做好准备没有任何坏处。要不然,赵家的狗就可能在我没有任何防备的情况下咬了我。

我们一直认为从逻辑上可以推导出:创造性天才——不论是杰出的科学家,还是天才的艺术家等等——都很重视非逻辑思维,都有大胆设想、进行非逻辑思维的习惯,因为只有这样才能具有较强的非逻辑思维能力,才能进行非凡的创造。我们相信在事实上也一定如此。当然要完全证明这一点还需要做大量的调查研究工作。这里我们只是做些简单的论述。

(一)一些杰出人物对大胆设想重要性的认识

前面我们说过,为了培养非逻辑思维能力,必须养成在前提材料不充分或很不充分的情况下进行思维的习惯,即非逻辑思维的习惯。要养成这种思维活动的习惯,则需要对非逻辑思维的重要性和养成非逻辑思维习惯的重要性予以足够的认识。

英国著名科学家牛顿说："没有大胆的猜测就做不出伟大的发现。"

英国生物学家赫胥黎说："人们普遍有种错觉，以为科学研究者做结论和概括不应当超过观察到的事实……但是大凡实际接触过科学研究的人都知道，不肯超越事实的人很少有成。"

德国大诗人歌德说："幻想是诗人的翅膀，假设是科学家的天梯。"

诗人席勒在给柯纳的信中针对柯纳怨恨自己写不出创造性作品的思想，回答说："你抱怨的原因，在我看，似乎是在于你的理智给你的想象加上了拘束。我要用一个比喻把我的意思说得更清楚些。当观念涌进来时，如果理智就在门口给予它们太严密的检查，这似乎是一种坏事，而且对心灵的创作活动是有害的。孤立地看一个思想可能显得非常琐碎或非常荒诞；但是它可能由于它所引进的思想变得重要，而且与其他看来也很离奇的思想连接起来，结果可能会形成一种最有效的连锁。"

列宁说："有人认为，只有诗人才需要幻想，这是没有理由的，这是愚蠢的偏见！甚至在数学上也是需要幻想的，甚至没有它就不可能发明微积分。幻想是极其可贵的品质……"

列宁很重视皮萨列夫关于幻想在人的创造性活动中作用的思想，皮萨列夫在谈到幻想与现实之间不一致的问题时写道："有各种各样的不一致，我的幻想可能超过事变的自然进程始终达不到的地方……这种幻想中间并没有任何会败坏或者麻醉劳动者的东西，甚至完全相反。如果一个人完全没有这样幻想的能力，如果他不能跑到前面去，用自己的想象力来给刚刚开始在他手里形成的作品勾画出完美的图景，那我就真不能设想，有什么刺激力量会驱使人们在艺术、科学和实际生活方面从事广泛而艰苦的工作，并把它坚持到底……只要幻想的人真正相信自己的幻想，仔细地观察生活，把自己的观察结果与自己的空中楼阁相比较，并且总是认真地努力实现自己的幻想，那么幻想和现实之间的不一致就丝毫没有害处。只要幻想和生活多少有些联系，那幻想决没有什么不好的地方。"

从以上所列举的论述中可以看出，很多杰出人物都非常重视非逻辑思维。在这些杰出人物看来，非逻辑思维无论是在科学发现方面，还是在文学艺术创作方面，还是在其他方面，都起着非常重要的作用。

（二）一些杰出人物有大胆设想的习惯

人的思维水平如何，人的智慧的发展程度如何，都和人们是否经常进行大胆设想密切相关。很多杰出人物之所以能取得非凡的成绩，是与他们经常进行非逻辑思维活动，具有这种非逻辑思维能力密切相关的。

法国微生物学家巴斯德说："如果有人对我说，在做这些结论时我超越了事实，我就回答说，是的，我确实常常置身于不能严格证明的设想之中。但这就是我观察事物的方法。"

英国博物学家达尔文说："我一贯力求保持思想不受约束，这样，一旦某一假说为事实证明为错误时，不论我自己对该假说如何偏爱（在每一题目上我都禁不住要形成一个假说），我都放弃它。"

著名物理学家杨振宁说，他常常去听一些他根本不懂的学术报告，第一次听不懂，第二次还是听不懂，第三次竟然开始懂了一些。为什么从一开始听不懂到后来几次就懂了一些呢？那是因为他在听学术报告的时候经常处于猜想的思维状态。"不求甚解"是我们看书学习过程中一种很正常的做法，我们千万不要因为读一篇文章或一本书遇到一点困难，就不再读这篇文章或这本书了。

综合以上两点，我们可以得出这样一个结论：许多杰出人物都非常重视非逻辑思维，并且有进行非逻辑思维的习惯。这正是这些杰出人物具有高水平的非逻辑思维能力的主要原因。我们要提高非逻辑思维能力，也必须像这些杰出人物一样，一是要对非逻辑思维高度重视，二是要养成非逻辑思维的习惯。

三、要适当学习一些相对艰深的知识

学校教育主要是在学习知识过程中培养学生的思维能力。那么知识学习是怎样培养人的思维能力的呢？

学习一些相对艰深的知识可以使我们有效地训练和培养较强的非逻辑思维能力。学习知识的过程不仅是一个获取知识的过程，而且也是一个训练和培养思维能力的过程。学习不同类型的知识对思维能力的影响不同。学习相对比较艰深的理论知识，人们就需要去猜测这类知识的意义，进行直觉、顿悟、猜测等等形式的非逻辑思维。美国作家萨特说："阅读时，你在预测，也在等待，你在预测句子的末尾，预测下一个句子，预测下页书。你等待它们来证明你的推测是否正确。"

举例来说，《红楼梦》第五回中有这么两句诗："玉带林中挂，金簪雪里埋。"我们知道《红楼梦》第五回中的诗主要是交代一些主要人物的性格和命运的。那么这两句诗是说谁呢？我们可能猜测是说林黛玉和薛宝钗的。为什么呢？"玉带林"反过来说就是"林黛玉"了，"金簪"可以是宝钗，"金簪雪"可能暗指"薛宝钗"。那么这两句诗对林黛玉和薛宝钗的性格和命运有什么交代呢？"玉带林中挂"可能是说林黛玉像玉带一样高

洁，脱离尘世。"金簪雪里埋"可能是说薛宝钗像雪中的金簪一样闪闪发光，在世俗世界中"俗"得很出色，是世中高人。

是否如此呢？我们看书后面的内容来验证一下，《红楼梦》第五回后面有这么两句诗词："空对着，山中高士晶莹雪；终不忘，世外仙姝寂寞林。"这么两句诗词以及后面的内容也验证了我们前面猜测的正确性。

由此可见，学习有一定难度的知识既要运用非逻辑思维，又要运用逻辑思维，因而，经常学习这一类知识可以训练人的非逻辑思维能力和逻辑思维能力，尤其是非逻辑思维能力。

爱因斯坦在十几岁的时候，就看了康德的《纯粹理性批判》，显然，那时的他是不能全部读懂这本书的。事实上，他可能很多内容都读不懂，但重要的是他在学习过程中要经常猜想作者的原意，长此以往就形成了较强的非逻辑思维能力。"好像他只从经验世界的一两点暗示就能找到问题的症结及其答案，剩下的事情只不过是加以验证罢了，在相对论的创建中表现了这一点。他提出光量子假说和光电效应方程也是如此，所用的方法只根据极少并且可靠性未定的数据。"

长期地、经常地学习相对比较艰深的理论知识，我们就会养成非逻辑思维的习惯，也就训练和培养了非逻辑思维能力。由此可见，知识学习的过程可以和创新思维过程是一致的。除此之外，学习并获取一些相对艰深的知识，能使我们站在前人的肩膀上向更高层次的知识前进。较强的非逻辑思维能力和较高层次的知识无疑是人们提高创新思维水平的两个非常重要的因素。

第四章

非逻辑思维训练的几种主要方法

思维方法用于训练人们的思维，就变成了思维训练方法。人们对思维方法和思维训练方法的认识还有很多不清楚的地方，尽管如此，事实证明一些思维训练方法对于人们训练创新思维和非逻辑思维还是很有效的。我们这里选取了几种主要的非逻辑思维训练方法，并按照人们对它们的一般理解来评述，但为什么要选择这几种方法以及这几种方法的分类则是按照我们自己的理解来进行的，其中会有不合理的地方。我们这样做的目的是为了训练非逻辑思维能力和揭示非逻辑思维训练的共同本质特征。如前所述，非逻辑思维训练的根本原则是培养一种通过充分的前提材料就得出结论的思维习惯，下面要介绍的几种非逻辑思维训练方法都具有这样一个共同的本质特征。

影响非逻辑思维的因素有很多，如"唯一正确答案""从众心理""已有知识""陈规"等等。我们在下面介绍每一项主要的非逻辑思维训练方法时，只介绍了一两种主要的阻碍因素，这并不等于说其他因素对其没有阻碍作用。事实上，这些因素对各种非逻辑思维训练方法都可能起阻碍作用，区别是不同的阻碍因素对不同的非逻辑思维训练方法的影响不同。

<<< 第四章 非逻辑思维训练的几种主要方法

第一节 发散思维法

一、什么是发散思维

发散思维就是在思维过程中，思维大胆地向四周辐射，扩散出两个或更多个可能的答案、设想或解决方式。美国心理学家吉尔福特认为，发散思维是从所给的信息中产生新信息，着重点是从同一的源泉中产生各种各样众多的输出。英国剑桥大学的德波诺教授提出的横向思维也是一种发散思维。发散思维既无一定的方向，也没有一定的范围，不墨守成规，不拘泥于传统方法，对所思考的问题标新立异，达到"海阔天空""异想天开"的境界，从已知的领域去探索未知的世界。

  例如，教师在黑板上用粉笔画一个圆点，问学生它代表什么，学生做出多种回答，这时学生的思维活动主要是非逻辑思维。

发散思维所追求的目标是获得尽可能多、尽可能新、尽可能独创的、前所未有的设想、方法、形式、思路、解法等，简言之，就是要追求新思想的数量。在有时间限制的情况下，还要求在尽可能短的时间内，实现上述目标。形象地说，发散思维沿着多条"思维线"向四面八方发散，能有效地扩展思维的空间，而习惯性思维则是一种单线性思维。单独的一根"思维线"受心理定势的牵引和约束形成思维定势。单独的"思维线"尽管以无比的勇气前行，却往往不能达到创新目标。

二、破除"唯一正确答案"的信念，积极进行发散思维训练

发散思维是比较常见的一种思维模式，它表现为思维视野广阔，思维呈多维度发散状。从某种意义上讲，发散思维是每个人先天就具备的思维模式，这一点从儿童的好奇心和每个人青少年时期的"白日梦"就可以得到证明。但过去由于对思维发展规律缺乏科学的认识和研究，传统教育经常采用强制和粗暴的手段对思维的发散性和跳跃性进行压制和约束，这样固然会迅速提高思维的有序性，但久而久之也会造成思维简单化的弊端，即思维只能在一个狭小的空间活动，缺乏广大的思维视野和探索性的新思路，这为思维向更高层次发展埋下了致命的隐患。在学校教学中常常会出现压制学生发散思维的情况。

我们大多数的教育制度倾向于教导学生只有一个正确答案。如一道算式：$2+3=?$ 这是一道在小学一年级很普通的计算题，每个学生都会做大量的类似练习，从数学的角度上来讲，只要学生在计算过程中不出差错，得出了正确的答案，老师就会认为学生在学习中没有什么问题，达到了教学大纲所要求的合格标准。但是从思维的角度来看，这种教育方式会造成严重的思维弊端。学生从小长期接受这种收敛式的训练会使他们养成只寻找一个答案的思维习惯，从而丧失寻找一个以上答案的意识和能力，造成思维的简单化，不利于他们未来的智力发育和提高。目前，每个大学毕业生平均都历经2000多次或者更多的测验和练习，很多题都只有一个正确答案。因此，"正确答案"也就深植在我们脑海中。对某些事实上只有一个正确答案的数学问题来说，寻找"正确答案"是对的。

然而，生活中的大多数问题并非如此。生活是不确定的，有许多正确答案——依照人们所追求的目的而定。如果你认定只有一个正确答案，那么在你寻找到一个之后，就会停止追求其他答案。在一次高中二年级的课堂上，老师在黑板上画了一个小粉笔点。他问同学们那能代表什么，过了几秒钟，有个同学回答道："那是黑板上的一个粉笔点。"其余的同学似乎都明显地松了一口气，没有人加以补充。"你们太令我忧伤了！"老师对班上同学说，"昨天我问一群幼儿园的小朋友同样的问题，他们有50种不同的说法，例如：猫头鹰的眼睛、香烟蒂、电线杆的顶端、星星、小石头、南瓜虫等，他们有极灵活的想象力。幼儿园与高中二年级刚好相差十年，我们虽然学会了寻找正确答案，却丧失了寻找一个以上正确答案的能力。我们学会了如何选定一个正确答案，但我们失去了大部分的想象力。"就像著名教育家尼尔·波斯特曼所批评的："孩子们入学时像个'问号'，毕业时却像个'句号'。"

无论面对什么问题，我们通常只满足于一种解答方法和途径，即满足于找个正确答案。一旦找到了，就不再思考下去，不再寻求解答问题的其他方法与其他同样正确的答案，这实际上是思维惰性。而这个所谓的正确答案却未必是正确的答案或是最好的答案。众所周知，在我们的这个世界中，不是所有的问题都只有一个而且仅有一个答案的，从严格的意义上来讲，我们在生活和工作中所遇到的问题绝大多数是有着几个甚至更多个答案的，我们所想到的第一个答案常常不是最好的答案，这就造成了矛盾，学生在学校中所接受的训练是寻找一个且是唯一的正确答案，而社会要求学生的却是具备寻找多个答案的能力，这样学生由学校走入社会后就会感觉到一种智力上的缺陷和不足，不利于他们适应激烈的社会竞争。

习于寻求"唯一正确答案",会严重影响我们面对问题、思考问题的方式。人们大都不喜欢有问题,当他们面对问题时,通常的反应是选择他们所能找到的第一个解决方法。如果你只找到一个点子(创意、构想、观念),那你就自然只有一种行动方针,这在一个快速变化社会里,是一种极大的风险。一个点子就像一个音符,音符只有和其他音符一起(或是旋律及和弦的一部分)时才能被了解,同样,一个点子只有和其他点子一起时,我们才更能理解点子的意义。因此,如果你只有一个点子,你就无从比较,无从知道该点子的优缺点。法国哲学家查提尔说:"当你只有一个点子时,这个点子再危险不过了。"为了追求更有效率的思考,我们需要有不同的观点,我们需要寻找第二个正确答案。在很多情况下,只有一个想法、方案是非常糟糕的,按所想到的第一个想法、方法去行动也是非常糟糕的。

由于过于强调课本知识的权威性和绝对性,过分强调教师的权威性,教学成为知识的搬运,学生的头脑中不断地被塞进一个个的结论,而这些结论又是无须检验和怀疑的,假如学生有什么想不通的地方,那应该怀疑的只能是学生自己的知识和判断力,而不应是课本或教师。在这种教学中,教师尽管也要提问,也可能要组织学生进行讨论,但提问或讨论的问题一般都有一个确定的、标准的答案,它就装在教师的脑子中,教师是学生发言中直接的、绝对的评判者,学生对各种观念进行检验、评判的权力被剥夺了,他们只能占有别人的观念,以别人的观念代替自己的见解。用这种教学模式培养出来的学生可以拥有丰富的知识,但却没有自己的思想,缺少分析和批判,他们非常顺从,以至于在理智上缺乏自主性和独立性。

发散思维追求的主要是思想的数量,而不太考虑思想的质量。

具有发散思维习惯的人在考虑问题时一般会比较灵活,能够从多个角度或多个层次去看问题和寻求解决问题的方法。爱迪生发明电灯的过程中,为了解决灯丝寿命的问题,曾先后思考设计了1600多种方案,在这么多可供选择的方案中,筛选出了最佳方案。

发散思维训练就是要让人们认识到,对于某些处于萌芽状态的可贵的思维品质,不可以简单地采用是非对错的标准去处理,因为那将使思想简单化、平庸化。而现实是复杂的,我们不仅需要严谨的思维、有序的思维,也需要跳跃的灵感、广泛的视角,只有这样才能培养一个开放性的头脑,才能拥有包容大千世界的思维空间。也只有点燃广袤的思维,才能启迪人的无穷智慧。

发散思维的训练就是要提高思维的发散性和跳跃性。这种训练主要是对问题进行不同层次和不同侧面的思考,目的是通过寻求大量的答案来强制扩大思维的空间。要加强开放性的发散思维训练,课堂的提问、作业和考试的编制应特别重视推出开放性问题,如具有不确定性、非唯一结论的问题,条件不很清晰、不很完备、需要搜寻和补充的问题,现实性强、容易调动研究热情的问题,鼓励独创、有广阔发挥空间的问题等。解决一个个开放性问题,实质上就是一次次的创新演练。

传统教育所着重培养的主要是收敛性思维,比如,$1+4=5$是唯一答案性的。但现代教育则越来越强调发散思维。有人说,数学本身的特点就是严密准确,很多计算题都是只有一个答案,它不像其他课程那样容易设计多重选择,对于数学来讲一题一解情况很难改变。的确,数学的情况比较特殊,不过这并不是不可改变的。我们来看这样一道算式:$5=?+?$这道算式与前一道算式有什么不同?可以看出主要有两点不同:①学生在计算这道题时思维是发散式的；②学生在解这一道题时思维的活动量要比前一道题大得多。这样看来，只要我们肯去想，即使是数学题也是可以找到一个以上的答案。我们希望从很多实践活动当中培养学生的发散思维，就是要用多种思路来构成多个结果，1+4是一种结果，2+3是一种结果，1+1+3又是一种结果，这样会产生多种结果。根据科学的分析，这种发散思维激活脑细胞的比率比收敛性思维高得多。

发散思维既是一种思维形式，也是一种思维方法，用这种思维法训练人的思维，也就成了一种思维训练法。

第二节　逆向思维法

一、什么是逆向思维

任何一种有效的思维都必然遵循一定的科学规律，逆向思维之所以能逆行而顺成，取得好的结果，也是有其必然的科学根据的。唯物辩证法的根本规律——对立统一规律告诉我们：事事有矛盾，时时有矛盾，矛盾无处不在，无时不有，矛盾双方的对立统一引起了事物的运动、变化和发展。对立统一规律要求我们在认识事物时要运用矛盾分析法。逆向思维就是唯物辩证法在思维领域的体现。逆向思维又叫反向思维，是指一种与常人思维取向相反的思维形态，属于一种相对而言的思维方式。

比如，如果多数人考虑问题是以自我为出发点，那么以他人为出发点考虑问题就是逆向思维；如果多数人考虑问题以现在为出发点，那么以未来为出发点考虑问题就是逆向思维；如果多数人对某一问题持肯定意见，那么持否定意见的就是逆向思维。反之亦然。由此可见，这个世界上并不存在绝对的逆向思维模式，当一种公认的逆向思维模式被绝大多数人掌握并应用时，它也就变成了顺向思维。求异思维也可以大致看成我们这里所说的逆向思维。

逆向思维是一种比较特殊的思维方式，它的思维取向总是与常人的思维取向相反，比如人弃我取、人进我退、人动我静、人刚我柔等等。这种与一般常规或大多数人的思维取向截然相反的思维方式，从表面看似乎不可理喻，但最终却往往出乎人们的意料，能取得更好的结果，因此它常常给人一种不可思议的神奇感觉。例如，有一个故事叫司马光砸缸。一个小朋友掉到水缸里了，一般人都会想把小朋友从水里捞出来。在司马光砸缸救人的故事中，司马光的思维就与众不同，是一种逆向思维。

现在我们日常生活中广泛使用的吸尘器已问世整整100年了。为了有效地清除令人讨厌的灰尘，人类很早就开始了对除尘设备的研究。人们首先想到的是用"吹"的方法，即用机器把灰尘吹跑。1901年，在英国伦敦火车站举行了一次公开表演。当"吹尘器"在火车车厢里启动时，灰尘到处飞扬，使人睁不开眼，喘不过气。当时在参观者当中有一个叫布斯的技师，他心想：吹尘不行，那么反过来吸尘行不行？他决定试一试。回家后他用手帕蒙住口鼻，趴在地上用嘴猛烈吸气，结果地上的灰尘都被吸到手帕上来了。试验证明，吸尘的方法比起吹尘来要高明得多，于是利用真空负压原理制成的电动吸尘器就在这一年诞生了。布斯在发明吸尘器的过程中就是应用了逆向思维法。

毛姆在尚未成名之前，他的小说无人问津，在穷得走投无路之下，他用自己最后一点钱，在大报上登了一个醒目的征婚启事："本人是个年轻有为的百万富翁，喜好音乐和运动。现征求和毛姆小说中女主角完全一样的女性共结连理。"广告一登，书店里的毛姆小说一扫而空。从此，毛姆的小说非常畅销。正是这一独特创意改变了毛姆的命运，使毛姆成为著名的小说家。

　　古希腊哲学家阿那克西米尼随亚历山大远征波斯，军队占领莱普沙克斯时，他急于想拯救他的故乡，使它免遭战乱。一天，他为此进谒国王。可亚历山大早就知道了他的来意，未等他开口便说："我对天发誓，决不同意你的请求。""陛下，我请求您下令毁掉莱普沙克斯！"哲学家大声回答说。莱普沙克斯终因他的智慧幸免于难。

二、克服从众心理的消极影响，积极进行逆向思维训练

　　所谓从众心理，也就是不带头、不冒尖，一切随大流的心理。有一位心理学家设计过这样一项实验：让一个人跟着另外四个人一起进入实验室，给他们同时看A、B、C、D四条直线，然后问：直线A与直线B、C、D中的哪一条长度最相近？正确的答案本来应该是B，可是当前面四个人都回答说"是C"的时候，即使最后这个人已看出了应当是B，也往往会对自己做出的判断发生怀疑，而跟着回答说"是C"。实际情况是，前面的那四个人都是实验者的助手，他们是故意答错的。据统计，这个实验的被试者中竟然有超过三成的人都会跟着前面的那四个人做出错误的回答。

　　之所以会形成从众心理，是因为有时人们需要从众，从众的做法至少有两大实际好处：第一，社会上的群居生活，需要大家互相

合作，如果没有一致的行动，交通可能瘫痪，生产进度可能节节落后，社会组织也势将崩溃。何况我们为群居生活所付出的代价只是牺牲个人的性格而已。第二，在某些情况下当你茫然不知所措时，你该怎么办？当然是仿效他人的行为与见解，从而找到正确的应对办法。假如你进入一家自助洗衣店，完全不知道如何操作洗衣机，你怎么办？或许你会观察旁人的操作方法，然后如法炮制。

圣奥古斯丁的故事就很好地说明人们有时确实需要从众。圣奥古斯丁年轻时在意大利米兰担任神职，有一回他想到一个难题前去向他的主教安布洛斯请教。当时圣奥古斯丁打算前往罗马度假，他的问题是罗马天主教徒通常是在星期日举行安息日仪式，而米兰天主教徒则以星期六为安息日，奥古斯丁不知道自己到了罗马以后应该以哪一天为安息日比较恰当，安布洛斯的解答是"当你人在罗马之时就要依照罗马人的习俗"。在通常情况下，从众比较有效，能解决大部分常规问题；但在需要创新时，从众心理不仅不能解决问题，而且还会束缚人们的思维，影响人的创新。这时，如果善于转换视角，从逆向去探索，从相反方向去思考，即善于采用逆向思维方法，往往会引起新的思索，产生超常的构想和不同凡俗的新观念。

人们需要从众，但不能有事事从众的从众心理。然而，由于中国传统儒家文化的影响，中国人的从众心理是普遍存在的。中国的孩子从小就被教育在家要听家长的话，在学校要听老师的话，在单位要听领导的话，于是，服从听话就成了他们做人的基本准则，缺乏一种创造的内在冲动，缺乏一种大胆质疑的批判性思维。假如你仔细检讨你自己的行为，就会发现你如何受制于各种环境压力。例如，当你驾驶着汽车从高速公路下来时你发现其他车子都是超速行驶时，于是你犹豫了，你不得不跟从大家违规行车，你必须追随整个车队。或者假设你是大都市交叉路口的一位行人,你的身边有十多位行人跟你一样都站立在交叉路口,行人指示灯正闪着红灯,但是路上看不到任何车辆。此时有位行人不顾信号灯的指示快速横越马路,另外一个人紧跟其后,然后又有其他人跟着过街,一会儿所有的行人都违反交通规则而横越马路。当你置身其中,你也不会例外,因为假如剩下你一个人孤零零地站在原地,你会觉得自己看起来很傻。

从众心理的形成,还常与一些不健康的心理因素相联系。从众可以不冒风险,对了皆大欢喜,错了大家都不丢面子;从众可以维持和谐局面,避免发生分歧、争吵和斗争;法不责众,即使是犯了极其严重的错误,人人都有份,可以不受到追究。这些不健康的心理因素,显然对创新思维是不利的,这使我们错过了许多学习和创新的机会。

通常,人们在思考问题时,思维的注意力会自然而然地盯住明显的或对自己有利的思路,而对那些不太明显的或对自己不利的思路视而不见。人同此心,情同此理,这本无可厚非,但是在一些特殊的情况下,这种大众式的思维方式却往往行不通。比如直径近,曲路远,这是普通常识,但是在两军相争的战场上,远和近一旦与对方的兵力部署的虚和实相结合,矛盾的双方就会向各自的相反方向转化。如果还是按照常规的思维方式决定远近的取舍,那势必会造成行动上的失误,欲近实远,欲速不达。在这种情况下,还是那些善于采用逆向思维、舍近求远的人能最先到达目的地。

逆向思维需要的是反过来想,突破顺向思维的逻辑模式,获得突破的观念。我们学习逆向思维方法就是要形成一种观念,即在思维的过程中,并不是只存在着一条明显的思维道路,对客观事物要向相反的方向分析、思考,这样可以改变传统的立意角度,产生全新的见解。

逆向思维既是一种思维形式,也是一种思维方法,用这种思维法训练人的思维,也就成了一种思维训练法。

第三节 头脑风暴法

头脑风暴法(BS法)是由创造学之父美国的奥斯本发明的。在我国也译为"智力激励法""脑力激荡法""BS法"等。该法在20世纪50年代于美国推广应用,许多大学相继开设头脑风暴法课程,其后,传入西欧、日本、中国等,并有许多演变和发展,成为创意方法中最重要的方法之一。

该方法的核心是高度充分的自由联想。这种方法一般是举行一种特殊的小型会议,与会者可以毫无顾忌地提出各种想法,彼此激励,相互启发,引起联想,导致创意设想的连锁反应,产生众多的创意。其原理类似于"集思广益"。

一、头脑风暴法的组织实施

其具体实施要点如下:

1. 召集5~12人的小型特殊会议,人多了不能充分发表意见。

2. 会议有1名主持人,1~2名记录员。会议开始,主持人简要说明会议议题,要解决的问题和目标;宣布会议遵循的原则和注意事项;鼓励人人发言和提出各种新构想;注意保持会议主题方向、发言简明、气氛活跃。记录员要记下所有方案、设想（包括平庸、荒唐、古怪的设想），不得遗漏。会后协助主持人分类整理。

3. 会议一般不超过1小时，以半小时最佳。时间过长，头脑易疲劳。

4. 会议地点应选在安静不受干扰的场所，切断电话，谢绝会客。

5. 会议要提前通知与会者，使他们明确主题，有所准备。

二、头脑风暴法应遵循的原则

为顺利实施该法，应遵循以下原则：

1. 自由原则。与会者可以自由地、任意地提出解决问题的设想，不受任何限制。思维越狂放，构想越新奇越好。有时看似荒唐的设想，却是打开创意大门的钥匙。

2. 平等原则。与会者不分职务、资历、性别、年龄、专业一律平等。

3. 不评判原则。与会者相互之间不许质询、赞扬、批评和评论。即使是对幼稚的、错误的、荒诞的想法，也不得批评。如果有人不遵守这一条，会受到主持人的警告。

4. 数量原则。鼓励人人多谈想法，数量越多越好，而不求质量；数量多了质量自然会高。新设想越多越好，设想越多，可行办法出现的概率就越大。

5. 单一原则。每人每次发言仅提一个设想，只说想法不陈述理由和背景。

6. 优先原则。可以利用他人想法，提出更新、更奇、更妙的构想。凡是因前一个人的发言而激起的新想法，优先发言。为此，属优先的发言者应及时投出"优先"的信号。

7. 综合改善原则。鼓励与会者多提综合改善已发表的设想的综合、改善类设想。

8. 公开原则。与会者的发言必须被小组全体人员都听到，不允许开小会。

9. 奖励原则。在会上提出设想多的人，或其构想被采纳的人都应得到高于其他人的奖励。为此，应记录好每个人的发言。但绝不议论哪些构想不好，更不许提及不好的设想是谁提出的。

三、头脑风暴法应注意的问题

根据人们多年的经验，实施"头脑风暴法"应注意如下一些问题：

1. 讨论题的确定很重要。要具体、明确，不宜过大或过小，也不宜限制性太强；题目宜专一，不要同时将两个或两个以上问题混淆讨论；会议之始，主持人可先提出简单问题做演习；会议题目应着眼于能收集大量的设想。

2. 会议要很有节奏，巧妙运用"行——停"的技巧：3分钟提出设想，5分钟进行考虑，再3分钟提出设想，如此反复交替，形成良好高效的节奏。

3. 按顺序"一个接一个"轮流发表构想。如轮到的人当时无新构想，可以跳到下一个。在如此循环下，新想法便一一出现。

4. 会上不允许私下交谈，以免干扰别人的思维活动。

5. 参加会议的人员应定期轮换，应有不同部门、不同领域的人参加，以便集思广益。

6. 参加会议者应有男有女，以额外增强竞争意识和好胜心。

7. 领导或权威在场，常常不利于与会者"自由"地提出设想。

只有在充分民主气氛形成的局面下，才宜于领导或权威参加。

8. 为使会议气氛轻松自然，自由愉快，可先进行一番热身活动，比如说说笑话、吃东西、猜个谜语等。

9. 主持人应按每条设想提出的顺序编出顺序号，以随时掌握提出设想的数量，并提出一些数量指标，鼓励多提新设想。

10. 会后要及时归纳分类，再组织一次小组会进行评价和筛选，以形成最佳的创意。

在头脑风暴会上，只要遵循上述几项原则和注意上述十个问题，就会发挥集思广益的奇效，使每个人的创意不受压抑，还可借鉴别人的智慧，激励自己的想象和灵感，产生更多更新的创意，要比单独思考更易得到数量众多的、有价值的新主意、新构想。一般说来，一次头脑风暴会得到数十条以至几百条新设想。

四、头脑风暴法的价值

头脑风暴法的价值主要在于它能集众人的智慧来解决问题，从而产生整体大于部分的整体效应。中国有句俗话："三个臭皮匠胜过一个诸葛亮。"这是头脑风暴法的生动写照。通过集体的讨论激励，能使各自的潜意识慢慢地显露出来，使沉睡着的记忆信息活跃起来，使大脑处于兴奋的工作状态之中，产生出一些人们意想不到的新的思想观点。

事实上，古今中外创意成功的历史告诉我们，头脑风暴法早就存在并且有了广泛的应用。

爱因斯坦青年时期创立的"奥林匹亚科学院"就是一个典范，他的许多论著的观点都是在这个"科学沙龙"里议论过的；20 世纪二三十年代，丹麦物理学家玻尔周围云集了许多青年物理学家，比较著名的有海森堡、泡利等,这便是名噪一时的"哥本哈根学派"。他们的合作与研讨,不仅在量子力学和基本粒子领域做出了辉煌的贡献,而且造就了许多才华横溢的物理学人才;我国20世纪五六十年代"三钱"(钱学森、钱三强、钱伟长)在原子物理事业上的合作一直被传为美谈,正是他们的集思广益,加速了我国成功研制出原子弹的速度。

头脑风暴法不仅适用于科学发现、技术发明,还可以用于文艺创作、军事指挥、企事业管理等。头脑风暴法对于决策的民主化、科学化也是很有帮助的。现代许多形形色色的学术沙龙、信息沙龙和文艺沙龙等,都是头脑风暴法的种种表现形式。事实上,备受欢迎的这种集思广益法受到重视是不足为奇的。因为当一批富有个性的人走到一起时,由于各个人的基础、起点、掌握的信息、视角、研究方式及分析综合能力等各不相同,通过彼此交流、切磋,不但会形成大量的新创意,而且会形成智慧的叠加、互补和增殖,显著提高每个人的智商、情商和创意能力。

例如,在美国北部,下暴风雪时高压干线被压断,造成重大损失。为此,美国通用电力公司召开工程智慧讨论会,以期用奥斯本头脑风暴法迅速找到最佳解决方案。围绕议题,公司鼓励专家们畅所欲言。有人提议沿线加置耗电而花钱很大的线路加温装置以消融积雪,这是常规的想法。有人则提议安装振荡器,抖掉线路上的积雪。主持人鼓励大家继续想出绝招。有人幽默地提出:"最简便的莫过于用大扫帚把沿线清扫一回。"有人则马上接过话题:"那得把上帝雇来了。"这些怪念头和俏皮话,却激发了一位参加者的思想火花:"啊哈!上帝拖着扫帚来回跑,真妙!我们开一架直升飞机不就行了吗?"是的,飞机的速度和风力足以迅速地吹掉高压线的积雪。最后电力公司采纳了这一方案，实践证明它是行之有效的。

奥斯本的这种方法是创造技法，后来演化成培养和开发创造力的思维训练方法，对于人们培养创新思维能力有实用价值。奥斯本说："作为创造性教育的补充……我们把集体头脑风暴法视为一种教学方法。这种直觉的教学方法有效地培养了人们的创造才能，并且有助于人们的思维。通过参加头脑风暴会议，不论是在个人努力还是在集体工作中，人们都可以提高自己的创造才能。"

奥斯本的头脑风暴法鼓励大胆地、自由地产生新思想，别人不得追问理由。事实上也就是要求人们在理由不充足、信息不充分的情况下进行大胆的思考，这对培养非逻辑思维能力是非常有利的。

第四节 自由联想法

一、什么是自由联想

自由联想是一种没有固定思维方向和方法可以遵循、随意展开思想的一种思维形式，包括幻想、空想、玄想等等。从自由联想的定义可以看出，与其说它是一种思维训练方法，还不如说它是一种思维的原则。

幻想是自由联想的一种主要形式。所谓幻想，一般是指与某种愿望相结合并指向未来的一种想象。由于幻想在人们的创造活动中具有重要作用，所以创造学允许并鼓励人们对于事物进行各种各样的幻想。苏联就曾为学生专门开设过"幻想课",其目的是引导、培养学生进行各种形式的幻想,以提高学生的创造才能。科学幻想是人们在一定的科学知识基础上所进行的合理想象,但仍带有很大程度上的不确定性,不像科学知识那样严谨、完善。幻想,因其暂时脱离现实而常不被人们所重视,很多人甚至把"幻想"作为贬义词而将其打入另册。从创造学看来,这是很不公正的,幻想是一种极其可贵的品质。人们在认识世界、改造世界活动中,是很需要幻想精神和幻想思维的。大量事实表明,幻想可使人产生创造的欲望,可激发人们的上进心理,可指出人们进取的方向,幻想可以鼓励人们奋发向前、为人类做出贡献。

古人的无数幻想(如"上天""入地""千里眼""顺风耳"等),经过人类世世代代的努力和奋斗,有很多已经变为或正在变为现实。由此可见,幻想思维可直接导致创造活动,很多创造活动均离不开幻想,因此我们不宜盲目地反对幻想。科幻小说之父法国作家凡尔纳有着非凡的联想。潜水艇、雷达、导弹、直升飞机等等,是当时还没有出现的东西,但都在他的科幻作品中陆续出现了,后来又都相继化为现实。令人吃惊的是,他曾预言在美国佛罗里达将设立火箭发射站,并发射飞往月球的火箭。果然在一百年后,美国真的在此处发射了第一艘载人宇宙飞船。

异想天开、想入非非也可以视为自由联想。在医院里,静脉输液是护士的常规工作,用针头在病人皮肤上拨来拨去找静脉确实让人痛苦,所以许多护士都苦练了"一针见血"的功夫。而上海的一位大学生却异想天开地提出对需要输液的病人,干脆把针头留在静脉里的想法,研究设计出用高分子塑料制成的"封闭型静脉液软针"。它可以插在人体血管内保持数周,每次输液只要将输液导管接上即可，病人并无痛苦感。看来异想天开包含着一般人想不到的智慧，是使人走向成功的捷径。

二、敢于突破已有知识和陈规，积极进行自由联想思维训练

知识、逻辑思维和非逻辑思维是创新思维的三个内在要素，培养创新思维能力必须使这三者都得到充分而均衡的发展。但培养创新思维能力的关键是培养非逻辑思维能力，而培养非逻辑思维能力的关键是要养成大胆设想的习惯。要养成大胆设想的思维习惯，要有效地进行创新思维就要敢于违背既有知识，敢于违背逻辑规则，让思想自由去飞翔。当然另一方面又要对所提出的新思想进行小心求证。尽管"小心求证"要做艰苦、细致的工作，但相对而言，"小心求证"比较容易做到，难以做到的是在有关材料不明朗、不充分的情况下就做出非逻辑的判断。

许多成功的企业家在极大程度上是依靠直觉行事的，他们常常不顾逻辑和事实而做出正确的决策。对著名的艺术家、思想家和发明家的研究也表明，他们许多最伟大的成就（如果不是全部的话）主要是联想、直觉和想象等非逻辑思维的产物。

创新的最重要、最显著的标志就是新思想的产生。而新思想是指超出以前的知识、观念、思想的知识、观念、思想。因此，要产生新思想，就必须对已有的知识、观念、思想等进行加工处理，得出一个与原有的知识、观念、思想不同的知识、观念、思想，甚至与原有的知识、观念、思想相反的、相矛盾的知识、观念、思想。这就要求我们要有马克思的"怀疑一切"的精神，敢于冲破既有知识、传统观念的束缚，大胆创新。

居里夫人说："你发现的东西与传统的理论越远，那就与获得

诺贝尔奖的距离越近。"有时既得的经验可能成为思想的羁绊。比如，我们对一个物体的固有功能的认识可能会妨碍我们对它的另一些新颖的甚至是稀奇古怪意义的认识。当我们完全习惯于接受关于事物的性质、规律、关系的传统的认识时，往往会对其他可能存在的性质或规律或关系视而不见甚至拒于千里之外。这样说来，有时确实是要知道得少一些。教育工作者也必须正视这个事实，即世界变化如此之快，以至于过去的"真理"常常不起作用，反而导向错误。用过去的"真理"来解决现在和将来的问题，再也不那么容易了。

对既有知识、传统观念的态度，人们已有过大量的论述，也已基本达成一致的意见（传统的形式逻辑就认为在形成假说时"必须运用已有的科学知识，但不要被传统观念所束缚"），我们这里不想再赘述了。然而，要人们"敢于违背逻辑规则"，很多人就感到难以理解了。其实，道理也很简单，因为正如我们前面所说，逻辑思维一般只能使人们在原地打转转，不能产生新思想。要提出一个新思想，要创新，就必须突破陈规，也就是说必须运用自由联想等形式的非逻辑思维去冲破和违背既有的逻辑规则。康德说过："天才是创造不能按既定规则去创造那种东西的才能，它不是可以根据某种规则可以学到的那种技巧和本领。因此，独创性必然是天才的基本特性。"罗杰·冯伊区提出"要向规则挑战"。他说："我以为人生最大的刺激之一是日新又新，不受制于旧观念，只有这样，才能自由地去寻找新创意……想想看，艺术、科学、技术、商业、行销、烹饪、医学、农业和装满等方面的每一次进步，都是因为有人向现存规则挑战，尝试新方向的结果。"

19世纪末，在世界范围内掀起了一股制造飞机的热潮。但一些知识丰富的大科学家却纷纷表态，发表自己的看法和见解，抵制飞机的制造。比如，法国著名天文学家勒让德认为，要制造一种比空气重的机械装置到天上去飞行是不可能的；随后，德国大发明家西门子也发表了相似的见解。接着，能量守恒定律的发现者、著名的物理学家赫尔姆霍茨又从物理学的角度，论证了机械装置是不可能飞上天的结论。随后，美国天文学家做了大量计算，证明飞机根本不可能离开地面。然而，1903年连大学都未读过的美国人莱特兄弟却凭着自己勇于创新的精神，将飞机送上了天，为人类做出了巨大贡献。

马可尼提高了无线电装置的功率和效率之后，勇敢地设想向大西洋彼岸发送信号。专家们嘲笑他这种"天真"的想法。他们说，无线电波像光一样直线传播，不能顺着地球的曲面行进，而要射向宇宙空间散失掉。根据逻辑原理，专家们讲的非常正确。可是马可尼不听这些坚持做实验，获得了成功。当时，无论是马可尼还是专家们都不知道大气层上面有一个电离层。电离层反射回了无线电波。如果马可尼一直死板地按照逻辑行事，那么，他永远也不能取得这样的成功。

国外医学界曾报道过这样一件事：有一位青年人，在一个偶然的场合遇到一位心跳骤停的病人。为了恢复病人的心跳，那位青年人用水果刀切开病人腹部，拗断两根肋骨，直接用手握住心脏挤按。终于把病人救活了。医学权威们在评价这件事的时候一致认为，幸好那位青年人不是医生，否则他不可能把病人救活。因为任何一位受过正规训练的医生，都决不会想到用水果刀给病人开刀——医生首先担心的是，水果刀消毒没有？感染了怎么办？医生也不会直接拗断病人的肋骨。但是，那位青年人的办法是当时情况下抢救这个病人最好的办法。

要提高自由联想思维能力,就必须破除阻碍自由联想的不利因素,要进行积极的自由联想思维训练。首先,要"敢于想"。事生于虑,成于做。人类思维中的无与伦比的想象力,是科学不断进入未知领域的原初动力,所以要敢于异想天开,不怕胡思乱想。不怕做不到,就怕想不到。"做不到"可能是由于主客观条件的限制,现在做不到,将来条件成熟了,也可能就能做到;如果想都想不到,那是肯定做不到的。要打破常规跳出框框想,跳出传统的框框、书本的框框、名言的框框、经验的框框和从众的框框,任想象不受束缚地自由飞翔。要围绕一点,向外发散,朝四面八方想开去,也就是实现发散思维。让我们展开想象的翅膀,自由地思维吧。

第五节 不完全归纳法

一、什么是不完全归纳法

不完全归纳法是根据一类事物中的部分对象具有(或不具有)某种属性,从而得出该类事物所有对象都具有(或不具有)某种属性的思维方法。

例如:

地球与月球之间是互相吸引的,

太阳与地球之间是互相吸引的,

地球与火星之间是互相吸引的，

太阳与月球之间是互相吸引的，

木星与木星卫星之间是互相吸引的，

太阳与哈雷彗星之间是互相吸引的，

所以，任何两个物体之间都是互相吸引的。

这个结论就是众所周知的"万有引力定律"。牛顿把引力看作是"统摄宇宙"的，在宇宙间到处都起作用的。这无疑是由部分推论到全体。不完全归纳法的形式，可用公式表示如下：

S_1 是（或不是）P

S_2 是（或不是）P

S_3 是（或不是）P

S_4 是（或不是）P

……

S_1、S_2、S_3……Sn 是 S 类事物的部分对象

所以，所有 S 都是（或不是）P。

二、不完全归纳的结论是或然的

人们应用不完全归纳法，虽然可以从为数不多的事例中摸索出普遍的规律性来，然而这还是个"猜想"。这种猜想对不对，还必须进一步加以验证，因为结论所断定的范围超出了前提所断定的范围，结论就不具有必然性，也就是说它可能真，也可能假。概而言之，对不完全归纳法来说，一方面是它的结论可能提供全新的知识，另一方面是它的结论未必真实可靠。

让我们再看一个科学上著名的实例。大家都知道，自然数

中那些可以被 2 整除的数,叫作偶数;剩下的那些数,叫作奇数。还有一种数,只能被 1 和它自身、而不能被其他自然数整除,如 2、3、5、7、11、13 等等,这种数叫作素数,又称质数。1742 年,哥德巴赫写信给欧拉,提出了每个不小于 6 的偶数都是两个素数之和。例如 6 = 3 + 3、24 = 11 + 13 等等。有人对一个一个的偶数都进行了这样的验算,一直验算到了三亿三千万,都表明这是对的,但是更大的数目,更大更大的数目呢?猜想起来也该是对的。这就是应用不完全归纳法而提出的著名的"哥德巴赫猜想"(任何一个偶数都能表示为两个质数之和)。其所以称之为"猜想",是因为结论是或然的,未必是确实的。因此,"哥德巴赫猜想"还必须加以证明,然而证明它是件非常非常艰难的事。

华罗庚在《数学归纳法》中举了一个生动形象的例子通俗地说明了不完全归纳法结论的或然性:"从一个袋子里摸出来的第一个是红玻璃球,第二个是红玻璃球,甚至第三个、第四个、第五个都是红玻璃球的时候,我们立刻会出现一种猜想:'是不是这个袋里的东西全部都是红玻璃球?'但是,当我们有一次摸出一个白玻璃球的时候,这个猜想失败了。这时,我们会出现另一个猜想:'是不是袋里的东西全部都是玻璃球?'但是当有一次摸出来的是一个木球的时候,这个猜想又失败了。那时我们会出现第三个猜想:'是不是袋里的东西都是球?'这个猜想对不对,还必须继续加以检验,要把袋里的东西全部摸出来,才能见个分晓。"

三、不完全归纳法的作用

不完全归纳法的特点是结论所断定的范围超出了前提所断定的范围，结论的知识往往不只是前提已有知识的简单推广，而且还揭示出存在于无数现象之间的普遍规律性，给我们提供全新的知识，尤其是科学的普遍原理。人们要认识周围的事物，首先必须对事物的现象进行大量的观察和实验，然后根据观察和实验所确认的一系列个别事实，应用不完全归纳法由个别的知识概括成为一般的知识，从而达到对普遍规律性的认识。所以，不完全归纳法在探求新知识的过程中具有极为重要的意义。

第六节　类推法

一、什么是类推法

类推法是这样一种思维方法，它根据两个对象在一些属性上是相同或相似，由此推出两个对象在另一个属性上也相同或相似的结论。例如，几十年前曾经有些科学家将火星与地球类比，根据地球和火星都是太阳系行星，都有大气层、水分，都是温度适中，而地球上有生物，便推知火星上也可能有生物。这就是类推法。类推法可以用公式表示如下：

A 对象具有属性 a、b、c、d，

B 对象具有属性 a、b、c，

所以，B 对象也具有属性 d。

这一思维过程，实际上是先根据两个或两类事物之间有许多属性相同而推出它们可能属于同一类，然后又根据同一类事物有许多共同属性而推出它们的其他属性也可能相同。这是因为客观世界存在着同一性，各种事物之间存在着各式各样的相似点和相似关系，并且事物的许多属性并不是独立地存在的，而是相互联系、相互制约的。因此，在我们知道的几个相似点之后，下一个很可能又是相似点。当然，不同的类推所根据的相似点是不同的，有的类推是根据很多的相似点而得出结论的，有的类推则是根据很少的相似点而得出结论的。例如，古时人们想像鸟一样飞翔，先是重视宏观类推，用手臂来代替两个巨大的"翅膀"，这不但飞不上天，反而把人摔死了。这种宏观类推所依据的相似点较少。后来，人们了解了鸟翅膀微观动态结构，了解到拱弧形翼上面空气流速快，翼下面空气流速慢，使翅膀上下产生压差，从而产生升力。人们于是就改进机翼，加大了运动速度，这就是从微观动态结构相似着手，最后达到了相似结果，制造成功了现在的飞机。这时类推所依据的相似点就较多了。

听诊器的发明，也是类推思维的产物。一个医生很想发明一种能够诊断胸腔里健康状况的听诊设备，一天到公园散步，看到两个小孩在玩跷跷板，一个小孩在一头轻轻地敲跷跷板，一个小孩在另一头贴耳听，虽然敲者用力轻，可是听者却听得极清晰。他把要创造的听诊器与这一现象类比，终于获得了制作听诊器的创意，听诊器就这样诞生了。

二、类推法得出的结论是或然的

类推法的思维方向是从特殊到特殊，即从一个对象的特殊知识过渡到另一对象的特殊知识。这一过渡，需要两座桥梁。一座桥梁是两个对象的一些属性相似，另一座桥梁就是我们假定一个对象属性之间的共存联系也适合于另一对象。不难看出，这两座桥梁都不太牢靠。根据一部分属性相似来推断其他属性也相似，根据一个特殊对象中属性的共存联系来推断另一对象也有这种联系，都缺乏逻辑上严格性和充足的理由，而带有假定和猜测的色彩。因此，它所推出的结论也就带有或然性，可能是真的也可能是假的。例如，根据计算机、机器人等人工智能机器在某些功能上与人类相似，预言机器人将会通达人性，能够集会结社、组织政权乃至统治人类，或把人类放到机器人的动物园中豢养起来等说法就是运用类推法所得出的错误结果。

  类推得出的结论之所以是或然的，主要是因为客观上存在着两种情况。第一，对象之间不仅存在着相似性，而且存在着差异性。A、B 两个对象尽管在一系列属性上是相似的，但它们毕竟是两个对象，总还有某些方面的差异。如果 d 属性恰好是 A 对象异于 B 对象的特殊性，那么我们做出 B 对象也具有属性 d 的结论便是错误的。例如，美国加利福尼亚州与我国南方的一些地区的自然环境、气候条件是相似的，而美国加利福尼亚州有印第安人居住，那么由此推出我国南方的这些地区也有印第安人居住，这个结论对不对呢？显然不对。第二，对象中并存的许多属性，有些是对象的固有属性，有些是对象的偶有属性。例如，血液循环是人体的固有属性，而有 11 个手指头是个别人身上的偶有属性。如果做出类推的 d 属性是 A 对象的偶有属性，那么 B 对象很可能就不具有。不言而喻，个别人身上具有的"返祖"现象（如身上长毛、长短尾巴等），而与其极其相似的兄弟或姐妹未必具有。

虽然类推的结论是或然的，但我们注意如下两点则可以提高类推结论的可靠性：第一，前提中确定的相同属性越多，那么结论的可靠性程度也就越大；第二，前提中确定的相同属性越是本质的，相同的属性与类推的属性越是相关的，那么结论的可靠性程度也就越大。

三、类推法的作用

类推的结论具有或然性。但类推法在科学方法论中占有极为重要的地位，在科学研究中有着不可低估的作用。类推法发挥作用的主要场合主要是在认识和研究的开始阶段。假说是科学发现的一条重要途径。假说是在有限的事实材料基础上提出的。那么，怎样在有限的事实材料基础上提出科学假说呢？除了归纳法之外，类推法是惯用的方法之一。特别是在科学发生重大变革的时刻，在一个领域或一个学科的开创阶段，只掌握少量的同类事实难以进行归纳的情况下，用类比法来提出假说，常常是颇具成效的。或者，虽然掌握了一定数量的事实但一时看不出这些事实深层的共同点，无法一下子从本质上进行归纳的时候，如果运用类推法借鉴其他领域或他类事物已知的事实和理论，就能提供归纳的线索，为进一步用归纳法提出假说架设了一座桥梁。

类推法推出的结论可靠程度较差，但却是最富于创造性的方法之一。因为运用类推法的时候，研究对象范围内没有相应的一般原理，因而不受现成的原理的约束，相反它可以提出种种可能的新原理，供人们去探索和检验。同时，类推法可以在广泛的范围内，把看起来差别很大的两类事物联系起来，提出种种设想，这就大大有利于人们发挥思维的创造能力，获得新的启发、新的思想，从而发现新的原理。

"太阳元素"的发现就充分地显示了类推法的作用。1868年，印度一带地区看到了一次日全食。法国天文学家让逊在观察这次日全食时，从分光镜显示的日珥的光谱中看到了一条陌生的黄线。让逊认为，这条黄线表明了太阳中有一种地球上从未见过的元素，取名为"氦"（就是"太阳元素"的意思）。那么，地球上究竟有没有这种元素呢？为此科学家们做了这样的类比推理：在太阳中，氦与其余五十多种元素（当时已知的元素数目）是并存的，而在地球上也有这五十多种元素，所以，地球上也可能并存着氦元素。27年后，英国化学家拉姆赛对钇铀矿气体做光谱分析时，也看到了这样一条黄线。经他的朋友克鲁克斯鉴定，这就是"氦"的谱线。"太阳元素"在地球上找到了。

类推法在司法实践中也经常使用。在侦查工作中，如果运用类推法得出几起案件可能是同一作案人所为，就可以并案侦查，提高破案率。例如，某商店发生一起盗窃杀人案，由于现场情况比较复杂，唯一起到证据作用的是被犯罪分子撬开的桌子抽屉上所留下的撬压痕迹。后来有群众反映，某青年商店不久以前先后两次被盗，箱子也是被撬开的，这引起了专案组的注意。于是将这两起小案与那个盗窃杀人案所遗留的撬压痕迹进行对比，结果表明：三起案件的撬压痕迹表明用力方向、缺损程度、形成部位等完全一致，很可能是同一个人使用同一个工具所为。于是将这三个案件并案侦查，并选择其中一起较易破获的小案为突破口，以小案带大案，终于完全破获。

需要说明的是,本节的类推法和上一节的不完全归纳法在传统逻辑中被看作是逻辑思维的内容,但按照我们前面对逻辑思维和非逻辑思维的划分,不完全归纳思维和类比思维就应该属于非逻辑思维。为了和传统逻辑不完全归纳推理、类比推理相区别,我们这里特意用了"不完全归纳法"和"类推法"这两个名词以示区别。

第五章

逻辑思维

第一节 逻辑学和逻辑思维

一、逻辑学

"逻辑"一词是由英文 logic 音译过来的。它来源于希腊文,原意指思想、理性、规律性等。由此可知,逻辑思维就是理性的思维,也就是有规则、规律的思维。研究人的这种逻辑思维的学科是逻辑学。自从亚里士多德创建逻辑学二千多年以来,逻辑学发展至今已成为一门成熟的科学。逻辑学主要研究思维的形式及其规律、规则,它力图通过规范人们思维的形式来使人们的思维正确、合乎理性,人们也把逻辑学叫作形式逻辑学。逻辑学又可以按其历史的发展分为传统形式逻辑和现代形式逻辑。

二、逻辑思维

什么是逻辑思维呢?如前所述,逻辑思维就是在理由充足的基础上所进行的思维活动。逻辑思维的形式、规则和规律主要就是为了人们能必然地得出结论或者说是为了人们的思维有充足的理由而制订出来的。下面举几个推理和论证（逻辑思维的两个主要内容）的例子来说明这一点。

逻辑思维的三段论推理有一个正确的形式：
所有的 M 都是 P
所有的 S 都是 M
所以，所有的 S 都是 P
下面举两个符合这种推理形式的例子。

例一：
所有的犯罪都是危害社会的，
所有的过失杀人罪都是犯罪，
所以，所有的过失杀人罪都是危害社会的。

例二：
所有法律允许的行为都是受法律保护的，
所有正当防卫的行为都是法律允许的行为，
所以，所有正当防卫的行为都是受法律保护的。

这是两个推理，它们的具体内容各不相同，但仔细分析一下，它们的逻辑形式却是相同的。逻辑学把这种正确的思维形式总结出来就可以用来规范人们思维，使人们得出有充足理由的结论。

三段论推理有条规则：在前提中不周延的项，在结论中也不得周延。违反这条规则，就会犯"大项不当周延"或"小项不当周延"的错误。由于结论是从前提推出来的，如果大项或小项在前提中没有被反映其全部外延，那么，在结论中就不应当对大项或小项

的全部外延做出反映。否则,结论的反映范围就超出了前提所反映的范围,结论就不是从前提中必然地推出来的。例如:

  所有名词是实词,

  动词不是名词,

  所以,动词不是实词。

逻辑推理中的充分条件假言推理有条规则:肯定前件就要肯定后件,否定后件就要否定前件。

根据这条规则,充分条件假言推理有这样一个有效式:肯定前件式,即前提中肯定假言命题的前件,结论肯定它的后件。例如:

  如果谁是杀人凶手,那么谁就具有杀人时间,

  某甲是杀人凶手,

  所以,某甲具有杀人时间。

为什么要制定这样一个逻辑规则呢?主要是为了思维过程有充足的理由,能必然地得出结论。如果采取"肯定后件式"结果如何呢?试看下面一个例子:

  如果谁是杀人凶手,那么谁就具有杀人时间,

  某甲具有杀人时间,

  所以,某甲是杀人凶手。

逻辑学认为这种推理形式是无效式。为什么呢?因为在这个思维过程中结论的得出是没有充足理由的,不是必然的。

逻辑学的另一个主要内容论证也是要求符合充足理由律的。关于论证方式有一条规则:论证方式必须正确有效。这条规则的要求是论据与论题之间必须有必然联系,即论据能合乎逻辑地推出论题。

就是说，这一规则直接体现着充足理由律。要使论证方式正确有效，就要求推论步骤正确无误，即论证方式必须合乎推理规则，这也是为人们由论据能必然地得出论题而制定的。

如果违反这一规则，就会犯"推不出"的逻辑错误。例如：

> 李某一定能取得好成绩，因为只有好好学习才能取得好成绩，李某好好学习了。

这个推理运用的必要条件假言推理是无效的，因而不能由论据必然地推出论题。

另外，逻辑思维要求条理性、层次性，也可以看作是对思维要有充足理由的要求。只有把思想表述得有条理性、层次性，才能使人知道你的思想是有充足理由的，是必然得出的，才能显示出你思想的逻辑性。这也是人们把条理性、层次性看作是思维具有逻辑性的原因。

第二节 逻辑思维和非逻辑思维的辩证关系

一、逻辑思维与非逻辑思维的区别

（一）两者存在着本质的区别。如前所述，逻辑思维是指由充足的理由作为前提得出结论的思维活动；相反，非逻辑思维则是指由不充足的理由作为前提得出结论的思维活动。

非逻辑思维的"非"具有"不""无""反"的意思。非逻辑思维和逻辑思维有着质的区别。逻辑思维所具有的本质属性正是非逻辑思维所不具有的。逻辑思维的本质属性有确定性（这种确定性是由于思维过程是建立在理由充足的基础上的）和符合逻辑思维的规则、规律的属性，逻辑思维的规则、规律正是为了使人的思维具有确定性而制定的。非逻辑思维正与之相反，它是不具有确定性的思维，是不符合逻辑思维的规则、规律的思维。一个思维过程对于逻辑思维来说是不允许的、错误的，但对于非逻辑思维来说则是允许的、有效的。下面可以举个例子来加以说明：如果张三杀人，那么张三就有杀人动机，张三有杀人动机，所以张三杀了（或可能杀了）人。这种推理从逻辑学上来讲属于充分条件假言推理的肯定后件式，是错误的，但是在非逻辑思维中却是允许的、有效的。当然这个例子的结论都具有或然性，但实际上人们总是经常进行这样没有充足理由就得出结论的思维活动。

（二）从人类和个体的思维发展来说，非逻辑思维的发生在先，逻辑思维的产生在后。非逻辑思维是人本来就有的思维潜质，逻辑思维则是人们从亿万次的思维实践中总结出来用来规范人的思维的。逻辑思维是不是人的思维的固有形式，这是一个仍有争论的问题。洛克和柏格森都认为每一步逻辑和分析都要运用直觉等非逻辑思维。洛克认为，在证明的知识中"每一步都必须有直觉的明证"。柏格森说："我们往往把科学的逻辑工具当作科学自身，却忘记了作为其余一切的发生的根源的形而上学的直觉。"彭加勒也认为，不仅在数学的发明过程中，而且在数学证明过程中，也离不开直觉这种非逻辑思维，因为在证明中所用的逻辑材料很多，要运用这些逻辑材料构成一种数学建筑，也有一个选择问题，这样就离不开直觉。

（三）适用范围不同。充足理由律有两个基本的逻辑要求：①前提必须真实；②理由与推断之间有必然的联系。但这两个逻辑要求在对现实的事物进行把握时都很难得到完全满足。首先，在哲学发展史的不同阶段人们曾多次提道：对逻辑推理前提的证明会导致无穷的回推，这样一来就总有一个前提无法从逻辑中推出。其次，充足理由律的另一个基本的逻辑要求"理由与推断之间有必然的联系"也是很难得到满足的。人类大量的思维活动都是建立在理由不充足的基础上。人们实际运用的思维形式主要是非逻辑的。逻辑思维是人类思维的极端形式。一个小组五个人，每人考试都及格了，这时我们推出这个小组所有人考试都及格了。这样的逻辑推理在一个有限的范围内、在典型的情况下才能成立。这样的逻辑推理当然是必然得出的，但是这样的推理并没有给我们带来丝毫新的东西，这样的推理究竟有多大价值呢？在逻辑上只有永真式或永假式才是恒真恒假、必然推出的。现实中的绝大多数情况都是很难确定前提是否真实、真实程度有多大，也很少有结论是绝对必然得到的。从某种意义上说，非逻辑思维比逻辑思维的应用范围更大。

（四）在人们认识事物的作用上的区别。一般说来，非逻辑思维的作用主要在于提出新思想，逻辑思维的作用在于对新思想做出论证。没有非逻辑思维，思维只能在原来的范围里打转转，新的思想就不会产生，人类也就不会进步。加拿大的哲学家M·邦格曾说过，光凭逻辑是不能使一个人产生新思想的，正如光凭语法不能激起诗意，光凭和声理论不能产生交响乐一样。俄国的阿斯摩斯也说："纯粹逻辑始终只能把我们引向同义反复，它不会创造任何新的东西，本身不能提供任何科学的原理。"另一方面，没有逻辑思维，人类思维就会混乱，就会不准确，就会效率低下。非逻辑思维再重要，如果没有逻辑思维为其构筑坚实的知识基础，非逻辑思维也是寸步难行。所以，这两种思维形式对于人类来说都是非常重要和必不可少的。不过，两者对于人们认识事物的作用不同。

二、逻辑思维和非逻辑思维的联系

（一）非逻辑思维和逻辑思维是人类思维的两种基本形式，两者都在人类思维活动中起着非常重要而又必不可少的作用。非逻辑思维是产生新思想、科学发现和理论创新的必由之路，而逻辑思维则是理论系统化、逻辑化的必要方法。两者的相反相成推动了人类知识的不断丰富和发展。

非逻辑思维做出的初步结论，需要逻辑思维加以论证，非逻辑思维离不开逻辑思维；同样，逻辑思维也离不开非逻辑思维，一方面，如前所述，有人认为逻辑推理每一步都离不开直觉的明证，另一方面，逻辑思维的前提也是人们通过非逻辑思维得来的。

（二）非逻辑思维和逻辑思维又是彼此渗透、相互交融的，很难把它们完全绝对地划分开，两者之间的界限也不是绝对分明的。非逻辑思维是建立在前提材料不充分或很不充分的基础上的，而逻辑思维则是建立在前提材料比较充分或完全充分的基础上的。但是在材料充分到什么程度才算是逻辑思维和非逻辑思维，却没有一个明确的界限。极端的情况是容易区分的：在只有一星半点的材料的基础上做出一个大胆的尝试性的结论，比如和一个陌生人一见面，仅根据短时间内对对方言谈举止的观察，就做出对方是一个什么人的结论，这时的思维活动就显然属于非逻辑思维；相反，在与对方进行长时间的接触，对对方有了充分的了解后再做出对方是一个什么人的结论，这时的思维活动就主要是逻辑思维了。

（三）非逻辑思维和逻辑思维又是可以转化的。非逻辑思维是建立在知识材料较少的基础上的，人们用非逻辑思维做出一个尝试性的结论后，为了验证这个结论是否正确，就要以这个尝试性的结论为指导，搜寻支持这一结论的许多证据。如果我们搜寻的证据材料否证了非逻辑思维所做出的初步的结论，那么我们就要再重新进行非逻辑思维活动，寻找其他可能是正确的结论；如果我们不能搜寻到足够的证据材料来证明非逻辑思维的结论，那么这种非逻辑思维的结论是否正确就无法加以确定；如果我们搜寻到比较充分的或足够的证明材料证明非逻辑思维的结论，那么这时非逻辑思维的结论就会逐步转化为较为系统的知识了，非逻辑思维的猜测和妄断也就逐渐地转化为逻辑的证明了。

三、从人类和个体的思维发生过程来看逻辑思维和非逻辑思维的关系

人类思维的开端主要是非逻辑思维。人类的认识始于对对象世界的猜测和自由自在的思想。一开始人们这样做是自然的，也是必要的。但是后来人们逐步认识到自由自在的思想往往是错误的、不准确的。需要用一定的方法来规范和约束它。经过对大量实践经验的概括和总结，人们找到了使人类思维准确的一系列的规律和规则，逐步形成了逻辑学。人们把经过逻辑规范了的思维叫作逻辑思维。尼采在论述逻辑的来源时说："逻辑是怎样在头脑中产生的呢？肯定是从非逻辑中产生的，非逻辑的领域一定是非常广阔的。"

人类个体的思维发展过程和整个人类的思维发展过程是一致的。孩子在接受学校教育之前的这一阶段的思维形式主要就是非逻辑思维。这种思维以及由这种思维指导的行为是自由的、无拘无束的，常常是没有充足理由的、非逻辑的，当然也常常是幼稚可笑的。但它却是我们人类思维的原始形式和本真状态。不过我们也不能否认

孩子们的这类思维中有很多是充满智慧之光的。当然仅有这种思维形式对于正确地指导人们的行为是远远不够的，是不能有效地应付这个世界和社会的，所以对孩子的思维必须给予适当的引导和教育。这就是要把逻辑思维引导到孩子的思维世界中来。大人们慢慢地教给孩子们一些规范性的知识和思维规则。这样孩子的思维就渐渐地符合了思维的规则，就越来越理性化了。孩子就越来越符合社会的要求，孩子的思维和行为就变得循规蹈矩了。应该说，逻辑思维相对于幼时的非逻辑思维来说是困难的。由幼时的原始的非逻辑思维发展到后来的逻辑思维是一个进步。有了逻辑思维，人的思想就不再是天马行空式的我行我素了，人的思想就更加正确，也就更加符合客观实际了，人在自然和社会中就更少碰壁了。当然，使孩子学会逻辑思维是必要的也是重要的，人的思维由以非逻辑思维为主的阶段发展到以逻辑思维为主的阶段是一个进步和提高，但这并不证明逻辑思维比非逻辑思维更重要，更不能从此就抛弃非逻辑思维。然而由于人们对非逻辑思维和逻辑思维在思维过程中的作用没有足够的认识，矫枉常常就会过正。人们认清了非逻辑思维的缺陷和不足以及逻辑思维的优点和长处之后，就有可能只注重对逻辑思维能力的培养，轻易地放弃非逻辑思维和非逻辑思维能力。只注重逻辑思维和逻辑思维能力的培养，就会最终忘却和压抑非逻辑思维和非逻辑思维能力，并且会约束和压抑孩子思维的自由和纯真。当然适当的约束和压抑是必要的，也是重要的。但是现在看来，这种约束和压抑是多年的，长期的，因而是过度的。问题不是我们要不要教给孩子逻辑思维，而是我们在这样做的时候是否注意保护孩子的非逻辑思维了。实际情况常常是当我们教给孩子许多条条框框、教会孩子进行逻辑思维后，他们就不再具有以前那样丰富的想象力了。

当一个人学会适应社会时，他的思维也就失去了活力和创造性。这在一个封闭和落后的社会里更是如此，因为封闭和落后的社会总是要求人们的言行循规蹈矩，不越雷池一步。这样就不难解释为什么很多成人的思维总是那么僵化、机械、死板了。

非逻辑思维与逻辑思维既然是相对立的，那么是否培养了其中的一种思维能力就削弱了其中的另一种思维能力呢？不是的。它们两者是对立统一的关系。只要我们对两者的地位和作用有正确的认识，在这两者之间保持必要的张力，这两种思维能力都是可以同时得到培养的。因为人的思维具有很大的灵活性，既可以进行有效的逻辑思维，也可以进行有效的非逻辑思维。很多杰出人物都既有很强的非逻辑思维能力又有很强的逻辑思维能力这一事实已经证明了这一点。创造学家奥斯本说："关于思考问题，我们应该像两个不同的人那样来思考问题——首先一个人进行思考；然后，另一个人进行判断。可以想象这样一种情景：如同交流电可以调变电压一样，我们可以调整我们的思维以改变我们的智能。"

第三节　逻辑思维训练应注意的问题和方法

逻辑思维和非逻辑思维是有密切联系的，两者的相反相成构成了人类思维的发展。现在有的人搞创新思维训练只强调直觉、灵感等非逻辑思维训练，对逻辑思维训练却只字不提，这是错误的。如前所述，逻辑思维能力是创新思维和智慧的三个重要的内在要素之一，本书专用后面两章把逻辑思维训练作为创新能力培养的一个重要的组成部分。

和非逻辑思维的训练一样,逻辑思维的训练也主要是训练一种思维的习惯,这种思维的习惯也就是按照逻辑形式、规律、规则、方法进行思维的习惯,主要是由前提必然地得出结论的思维习惯,也就是由充足理由得出结论的思维习惯。学习一些主要的逻辑学知识,并通过做大量的练习,我们就能养成逻辑思维的习惯,也就能培养出较强的逻辑思维能力。

我们是通过学习传统形式逻辑的主要内容来进行创新思维训练中的逻辑思维训练的。传统形式逻辑的主要内容是逻辑学中最基础的、非常重要的部分。我们学习它是要掌握逻辑思维的一些主要的知识、方法、规则、规律等,进行逻辑思维训练,其最终目的是为了提高逻辑思维能力和水平。

如前所述,思维是很抽象的,认识和把握思维是很困难的;思维的形式就更抽象了,要认识和把握就更难了。但是,只要肯下功夫,方法对头,就能够很好地掌握其内容,并有效地进行逻辑思维训练。要学好逻辑并进行有效的逻辑思维训练,还要注意以下几个主要问题:

一是要掌握逻辑的基本理论,理解并把握主要的定义、规律、规则和公式。对每一章节的重点内容要反复领会,在领会的基础上加以记忆,提高逻辑思维能力。

二是要认真做练习。为便于大家复习巩固所学知识,附录中附有逻辑思维训练题。认真做题,能够使初学者切实掌握有关内容,巩固所学定义、公式、规则等逻辑知识。

三是要联系日常思维和表达中的实际问题加以运用。这不仅可以巩固所学的理论知识,提高应用能力,而且还能体会到学习的快乐,增强学习兴趣。

第六章

逻辑思维训练（一）——推理训练

第一节 逻辑思维的细胞——概念

概念是逻辑思维的最小的单位，是逻辑思维的细胞。人们由概念形成命题，由命题进行推理和论证，从而进行逻辑思维。

一、什么是概念

概念是反映对象本质属性的思维形式。

在客观世界中，存在着许许多多、形形色色的事物。在自然界，有日月星辰、山川草木、飞禽走兽等。在人类社会，有商品货币、阶级国家、生产消费等。另外在精神现象中，有感觉、表象、思想、意识等。这些都可以是人们的认识对象。

各个事物都有其自身的性质，如形状、颜色、动作，以及好坏、美丑、善恶等。各个事物除了自身的性质之外，还和其他的事物发生一定的关系，如大于、在……下面、交换、互助、战胜等。事物的性质以及与其他事物之间的关系，统称为事物的属性。

事物与属性是不可分割的,属性都是属于一定事物的属性,事物都是具有某些属性的事物。脱离具体事物的属性是不存在的,没有任何属性的事物也是不存在的。事物由于属性的相同或相异就形成各种不同的类,具有相同属性的事物组成为一类,具有不同属性的事物分别组成不同的类。

在一类事物的许多属性中,有些是本质属性,有些是非本质属性。所谓本质属性,就是决定一事物之所以成为该事物并区别于他事物的属性。所谓非本质属性,就是对该事物不具有决定意义的属性。例如,"法律"这个概念的本质属性有:规定人们的权利和义务、由国家强制力保证其实施等。它的非本质属性有:法律是哪个阶级制定的、在什么情况下制定的、是成文的还是不成文的、体系是否严密、条文有多少等。

一个事物之所以成为该事物是由其本质属性决定的,而概念正是反映事物本质属性的思维形式。

二、概念的内涵和外延

概念反映对象的本质属性,同时也就反映了具有这种本质属性的对象,因而概念有客观的内容和确定的范围。这两方面分别构成了概念的内涵和外延。

概念的内涵就是指反映在概念中的对象的本质属性。概念的外延就是指具有概念所反映的本质属性的对象。例如,"商品"这个概念,它的内涵就是为交换而生产的劳动产品,它的外延就是指古今中外的所有的商品。又如"人"这个概念的内涵,就是指人的本质属性,即有语言、能思维、能制造和使用生产工具的动物。"人"这个概念的外延就是指古今中外的所有的人。

内涵是从质的方面揭示概念的,它揭示概念所反映的对象"是什么";外延则是从量的方面揭示概念的,它说明概念所反映的对象"有哪些"。每一个科学的概念都既有其确定的内涵,又有其确定的外延,要使概念明确,就必须准确地揭示出概念的内涵和外延两个方面。

概念明确是人们正确思维的必要条件。只有概念明确,才能做出恰当的判断,才能进行合乎逻辑的推理,才能获得正确的认识。例如,在数学课堂上,老师问小王这样一个问题:x 是一个整数,请问 x 和 $-x$ 哪个大,x 和 $2x$ 哪个大。小王回答说:"x 比 $-x$ 大,$2x$ 比 x 大。"小王的回答是错误的。这说明小王没有掌握好"整数"这个概念的外延。"整数"这个概念的外延包含正、负整数和零。

概念明确对于讨论问题、写作文章、交流思想也是必要的。我们常常看到许多相执不下的争论都是因为概念不明确引起的。例如,达尔文进化论认为"人类是由猿猴进化而来的"。然而顽固偏执的主教们却提出这样的质问:"有哪一人不是父母所生,是猴子变成的呢?又有哪一个猴子变成人了呢?"他们是把"人类"这个概念偷换成"个人"这个概念来进行争论的,这在逻辑上是错误的。

第二节 命题和推理的概述

一、命题的概述

命题又叫判断,就是对思维对象有所断定的思维形式。例如:

(1) 所有的犯罪都是有社会危害性的行为。

(2) 某人是罪犯。

任何一个命题都对思维对象有所断定,即肯定或否定。如我们说"某人是罪犯"就是断定某人具有罪犯的属性,如果无所断定就不是命题。有所断定是命题的第一个逻辑特征。

命题的第二个逻辑特征就是有真假之分,命题是对思维对象有所断定的思维形式,也就有断定是否符合客观实际的问题。如果一个命题的断定符合客观实际,如"犯罪是有社会危害性的行为",它就是真的命题。如果一个命题的断定不符合客观实际,如"正当防卫的行为是要负法律责任的"它就是假命题。如何鉴别一个命题的真假呢?唯一的标准就是实践,也就是看命题所反映的思想是否和客观实际相一致。

按不同的标准可以把命题分为不同的种类。按命题的繁简可以把命题划分为:简单命题和复合命题。

命题是推理的要素。推理是由命题组成的,没有命题,也就没有推理,只有命题真实,才能保证推理的正确。

二、推理的概述

推理是从一个或几个已知命题中推出一个新命题的思维形式。例如:

(1) 所有的商品都是有使用价值的,
所以,有些有使用价值的是商品。
(2) 所有的犯罪都是具有社会危害性的,
过失杀人也是犯罪,
所以,过失杀人是具有社会危害性的。
(3) 只有年满十八周岁,才有选举权。
某甲未满十八周岁,

所以，某甲没有选举权。

这些都是推理。从这些例子里我们可以看出：任何推理都有这样两个组成部分，即推理所依据的命题，以及推出的新命题。前者叫作前提，后者叫作结论。一个推理可以有几个前提，也可以只有一个前提，而结论只有一个，即一个命题。

正确推理（即要使推理正确）必须具备两个基本的前提条件。一是要遵守推理的规则，即推理要符合正确的推理形式，做到形式正确。二是要前提真实。逻辑学不能具体解决每个推理前提真实与否的问题。

推理和概念、命题一样，是同语言联系在一起的。推理在语言上表现为复句或多重复句或句群。在这类语句和句群中，一般用"因为……所以……""由于……因此……""……由此可见"等等关联词语的，往往表达推理。

第三节　简单命题的推理训练

简单命题是不包含其他命题作为其组成部分的命题，也就是指在结构上不能再分解出其他命题的命题。简单命题通常可以分为性质命题和关系命题。本书主要介绍直言命题（性质命题）及其推理。

一、直言命题
（一）什么是直言命题

直言命题是肯定对象具有或不具有某种性质的命题。例如：

所有的犯罪都是有社会危害性的。

有些违法行为不是犯罪行为。

这个犯罪分子是很凶残的。

由于这些命题对对象性质的断定是直接的，因而传统逻辑把这些命题称为直言命题。

直言命题由主项、谓项、联项、量项四个部分组成。主项表示被断定的对象的概念，通常用 S 表示；谓项表示被断定的对象性质的概念，通常用 P 来表示；联项是指联系主项和谓项的联系词，也就是命题的质，一般用"是"或"不是"来表示，又称肯定联项和否定联项。

命题的量项是指表示命题中主项数量的概念，一般称为命题的量。量项可分为三种：一是全称量项，它表示在一个命题中对主项的全部外延做了断定。通常用"所有""一切"来表示。在命题的语言表述中，它们可以省略。二是特称量项，它表示在一个命题中对主项做了断定，但未对主项的全部外延做出断定。通常用"有的""有些"来表示。在命题的语言表达中，它们不能省略。三是单称量项，它表示在一个命题中对主项外延的某一个别对象做了断定，可以用"这个""那个"来表示。在命题的语言表达中不能省略。

（二）直言命题的种类

1. 按照直言命题的质的不同，可以把直言命题分为肯定命题和否定命题。

肯定命题是断定对象具有某种性质的命题。如"宪法是国家的根本大法"。其形式是：S 是 P。

否定命题是断定对象不具有某种性质的命题。如"正确思想不是从天上掉下来的"。其形式是：S 不是 P。

2. 按照直言命题的量的不同，可以把直言命题分为全称命题、特称命题、单称命题。

全称命题是断定某类事物中所有对象都具有或不具有某种性质的命题。例如，"所有的法律都是有强制性的""所有的法人都不是自然人"。其形式是：所有的 S 都是（或不是）P。

特称命题是断定某类事物中部分对象是否具有某种性质的命题。例如，"有些案件是经济案件""有些案件不是经济案件"。其形式是：有的 S 是（或不是）P。

单称命题是断定某一个别对象是否具有某种性质的命题。例如，"这个犯罪分子是狡猾的""张三不是贪污犯"等。其形式是：某个 S 是（或不是）P。

3. 按照命题质和量的结合，可以把直言命题划分为以下六种命题。

全称肯定命题，是断定某类的所有对象都具有某种性质的命题，如"所有的法律都是有强制性的"。其形式是：所有 S 都是 P。

全称否定命题，是断定某类中所有对象都不具有某种性质的命题，例如，"所有的法人都不是自然人"。其形式为：所有的 S 都不是 P。

特称肯定命题，是断定某类中部分对象具有某种性质的命题。如"有些案件是经济案件"。其形式是：有的 S 是 P。

特称否定命题，是断定某类中部分对象不具有某种性质的命题。如"有些案件不是经济案件"。其形式是：有的 S 不是 P。

单称肯定命题，是断定某一个别对象具有某种性质的命题，如"这个犯罪分子是狡猾的"。其形式是：某个 S 是 P。

单称否定命题，是断定某一个别对象不具有某种性质的命题，如"这个犯罪分子不是贪污犯"。其形式是：某个 S 不是 P。

以上是直言命题的各种形式。其中，由于单称命题是对某一单独对象的断定，也就是对反映某一单独对象的概念的全部外延做了断定，因此从逻辑性质上说，单称命题可以被看作是全称命题。据此，直言命题又主要归结为如下四种基本形式：

全称肯定命题，通常用"A"来表示，也可以写为 SAP。

全称否定命题，通常用"E"来表示，也可以写为 SEP。

特称肯定命题，通常用"I"来表示，也可以写为 SIP。

特称否定命题，通常用"O"来表示，也可以写为 SOP。

（三）四种直言命题的主谓项的周延性

为了准确地把握直言命题的逻辑特性，我们还必须进一步分析直言命题中主项和谓项的周延性。

项的周延性，就是指在直言命题中对主项、谓项外延数量的断定情况。如果在一个命题中，对它的主项或谓项的全部外延做了断定，那么这个命题的主项或谓项就是周延的。如果未对主项或谓项的全部外延做出断定，那么这个命题的主项或谓项就是不周延的。例如：

一切师范大学都是培养教师的学校。

有的欧洲人不是法国人。

在这两个命题中，就主项来说，由于前一个命题对"师范大学"这个概念的全部外延都做了断定，所以这个命题的主项"师范大学"就是周延的。相反，后一个命题由于并未对"欧洲人"的全部外延做出断定，因而这个命题的主项"欧洲人"就是不周延的。

再就谓项来说，由于前一个命题只是断定了"师范大学"的全部外延都包含在"培养教师的学校"的外延中,并没有断定"培养教师的学校"的全部外延都包含在"师范大学"的外延中,因而这个命题的谓项"培养教师的学校"就是不周延的。相反,由于后一个命题断定了"欧洲人"这个概念的部分外延与"法国人"的全部外延是相互排斥的,因而这个命题中的谓项"法国人"就是周延的。

据此,我们可以把 A、E、I、O 四种命题的周延情况列表如下:

表6-1 A、E、I、O 四种命题周延情况表

命题的类别	主项	谓项
A(所有的 S 都是 P)	周延	不周延
E(所有的 S 都不是 P)	周延	周延
I(有的 S 是 P)	不周延	不周延
O(有的 S 不是 P)	不周延	周延

直言命题主谓项的周延性是直言命题在量的方面的基本逻辑特性,我们必须很好地掌握它,从而才能正确地对直言命题做某些逻辑推演。

二、三段论

(一) 三段论的概述

三段论是由两个包含着一个共同项的直言命题推出一个新的直言命题的推理。例如:

> 凡科学都是有用的,
> 逻辑学是科学,
> 所以,逻辑学是有用的。

这就是一个三段论。前两个直言命题包含着一个共同项"科

学",由这两个命题推出一个新的直言命题"逻辑学是有用的"。

任何一个三段论都是由三个直言命题组成,两个是前提,一个是结论,如前例中"所以"上面的两个命题就是前提,因为它们是推出新命题的依据;在"所以"后面的那个命题就是结论,因为它是从前提推出的新命题。

任何一个三段论都包含着三个项:小项、大项与中项。结论中的主项叫作小项,以"S"表示,如前例中的"逻辑学";结论中的谓项叫作大项,以"P"表示,如前例中的"有用的";两个前提中所共有的项叫作中项,以"M"表示,如前例中的"科学"。

在两个前提中,具有大项的前提叫作大前提,如前例中的"凡科学都是有用的";具有小项的前提叫作小前提,如前例中的"逻辑学是科学"。

(二)三段论的规则

三段论推理必须遵守以下几条规则,这些规则是判定一个三段论推理是否正确的标准。

1. 中项在前提中至少要周延一次

中项在大小前提中起着重要的媒介作用。三段论只有通过中项的媒介作用,才能从两个前提推出结论来。如果中项在两个前提中都不周延,那么大项的外延就可能和中项的外延的这一部分发生关系,而小项的外延就可能和中项的外延的另一部分发生关系。既然大项和小项没有同中项外延的同一部分发生关系,因而就不能通过中项的媒介作用来确定大项和小项的关系,所以不能推出必然的结论。

两个中项都不周延,就叫作"中项两次不周延"错误。例如:

犯罪行为是违法行为,

某人的行为是违法行为，

所以，某人的行为是犯罪行为。

在这个三段论中，中项"违法行为"是两个肯定命题的谓项，在两个前提中都不周延。违法行为可以分为两个部分：即已构成犯罪的严重的违法行为和没有构成犯罪的轻微的违法行为。某人的行为可能属于前一种情况，也可能属于后一种情况，但是在结论中却得出了"某人的行为是犯罪行为"。由于推理形式不正确，结论就不必然真。

2. 在前提中不周延的项，在结论中也不得周延

这是关于小项和大项的规则。结论是由前提推出来的，在前提中所涉及的如果仅是大、小项的一部分外延，在结论中就只能涉及大、小项的一部分外延。否则，结论就不是必然的。所以在前提中不周延的大、小项，在结论中也不得周延，例如：

语言是没有阶级性的，

语言是社会现象，

所以，有些社会现象是没有阶级性的。

在这个三段论中，大、小项在前提中不周延，因而在结论中也不周延，这是正确的。

违反这条规则，大项在前提中不周延而在结论中周延，就叫作"大项扩大"的错误，小项在前提中不周延而在结论中周延，就叫作"小项扩大"的错误。例如：

审判员都要守法，

吴某不是审判员，

所以，吴某不要守法。

　　　　逻辑是没有阶级性的，

　　　　逻辑是科学，

　　　　所以，凡科学都是没有阶级性的。

　　这是两个错误的三段论。在前一个例子中，大项"要守法"在前提中不周延，在结论中周延，犯了"大项扩大"的错误，在后一个例子中，小项"科学"在前提中不周延，在结论中周延，犯了"小项扩大"的错误。

　　3. 从两个否定的前提不能得出结论。

　　否定命题所确定的是主、谓项相互排斥，如果两前提都是否定的，则所确定的是大、小项都和中项排斥。这样，中项就起不到联结大、小项的作用，从而也就不能确定大、小项之间的关系。所以，从两个否定前提不能必然地得出结论。例如：

　　　　张三不是罪犯，

　　　　李四不是张三，

　　　　所以，？

　　由上述两个否定前提不能确定李四到底是不是罪犯。

　　4. 两个前提中如果有一个是否定的，则结论是否定的；如果结论是否定的，则必有一个前提是否定的。

　　两个前提如果有一个是否定的，则另一个必须是肯定的，因为两个否定的前提不能得出结论。否定前提所断定的是中项和一个项排斥，肯定前提所断定的是中项和另一个项相结合，这样大小项之间也就是相互排斥的。因此结论必是否定的。而如果结论是否定的，则一定是由于大小项有一个和中项结合，有一个和中项排斥，大项、小项同中项排斥的那个前提就是否定的，故结论否定必有一前提否定，例如：

> 凡过失犯罪都不是故意犯罪，
>
> 凡共同犯罪都是故意犯罪，
>
> 所以，凡共同犯罪都不是过失犯罪。

从前提看，大前提"凡过失犯罪都不是故意犯罪"把大项和中项排斥开，而小前提"凡共同犯罪都是故意犯罪"又把小项包含在中项之中，所以，得出否定结论"凡共同犯罪都不是过失犯罪"。从结论看，这个结论是否定的，它说明大项和小项相排斥。之所以如此，是由于大项"过失犯罪"和中项"故意犯罪"二者排斥的缘故。因此大前提一定是否定的。不然，结论就不是必然得出的。

5. 从两个特称的前提不能得出结论。

两个前提如果都是特称的，则两个前提的组合不外乎三种情况，即 II、OO、IO 或 OI，而不论是其中哪一种情况，都不能得出结论。

假如两个前提都是特称肯定命题，即 II，则在这两个前提中没有一个项是周延的。这样，则不论哪一个项做中项，都不是周延的，所以不能得出必然的结论（根据第一条规则）。例如，有如下两个前提：

> 有些先进工作者是登山运动员，
>
> 有些先进工作者是诗人。

这两个前提都是特称肯定命题，它们的中项"先进工作者"都不周延，根据第一条规则，从这两个前提不能推出结论。

假如两个前提都是特称否定命题，即 OO，则根据第三条规则，不能必然地得出结论。例如，有如下两个前提：

> 有些水生动物不是鱼，

那些动物不是鱼。

这两个前提都是特称的,又都是否定的,从这两个前提不能断定那些动物是不是水生动物。

假如两个前提中一个是特称肯定,一个是特称否定,即IO(或OI),则两前提中只有一个项周延(特称否定命题的谓项周延)。这个周延的项如果是中项,则大项在前提中就是不周延的,但是,有一个前提是否定的,结论便必然是否定的(根据第四条规则);而结论否定,则结论中的大项周延,如此便犯了"大项扩大"的错误。假如前提中唯一周延的项是大项,则又犯了"中项两次不周延"的错误。这样,或犯"中项两次不周延"的错误,或犯"大项扩大"的错误,二者必居其一,因此不能得出结论。例如,有如下两个前提:

有些青年人不是中国人,

有些山东人是青年。

在这个例子中,作为中项的"青年"就两次不周延,根据第一条规则,从这两个前提不能推出结论。

6. 如果有一个前提是特称的,只能得出特称的结论。

根据第五条规则,两特称前提不能得出结论,所以两前提如有一个是特称的,则另一个必是全称的。这样,两个前提的组合共有三种情况,即AI、AO或EI、EO。在这三种情况中,假如能得出结论,则只能得出一个特称的结论。

两前提(一全称、一特称)都是肯定的,即AI,如此则只有全称命题的主项周延,而其他三个项都不周延。这个周延的项必须是中项,不然就不能得出结论。其余三个不周延的项中有一个是小项,这样,小项在前提中不周延,在结论中也不能周延,所以结论是特称的。例如：

> 所有的专利都是对某项发明创造成果享有的一种独占利益，
> 有的产品是专利，
> 所以，有的产品是对某项发明创造成果享有的一种独占利益。

两前提（一全称，一特称）一个是肯定的，一个是否定的，即 AO 或 EI，如此则全称命题的主项周延，否定命题的谓项周延。这两个周延的项，一个必须是中项（根据第一条规则），一个必须是大项（因为前提中有一个是否定的，结论必是否定的，而否定命题的谓项应周延）。其余两个项不周延，在这两个不周延的项中必有一个是小项，小项在前提中不周延在结论中也就不能周延（根据第二条规则），所以结论是特称的。例如：

> 所有的演绎推理都是前提和结论有蕴涵关系的推理，
> 有些推理不是前提和结论有蕴涵关系的推理，
> 所以，有些推理不是演绎推理。

两前提（一全称，一特称）都是否定的，即 EO，根据第三条规则，两个否定前提不能得出结论。

总之，两个前提中如果有一个是特称的，则只能得出特称的结论。

三、完全归纳推理

（一）什么是完全归纳推理

完全归纳推理是一种必然性的推理，是根据某类事物的每一个对象具有（或不具有）某种属性，推出该类事物所有对象都具有

（或不具有）某种属性的推理。例如：

水星是沿着椭圆形轨道绕太阳运行的，
金星是沿着椭圆形轨道绕太阳运行的，
地球是沿着椭圆形轨道绕太阳运行的，
火星是沿着椭圆形轨道绕太阳运行的，
木星是沿着椭圆形轨道绕太阳运行的，
土星是沿着椭圆形轨道绕太阳运行的，
天王星是沿着椭圆形轨道绕太阳运行的，
海王星是沿着椭圆形轨道绕太阳运行的，
冥王星是沿着椭圆形轨道绕太阳运行的，

水星、金星、地球、火星、木星、土星、天王星、海王星、冥王星是太阳系的全部大行星，

所以，所有太阳系的大行星都是沿椭圆形轨道绕太阳运行的。

完全归纳推理可以用公式表示为：

S_1 是（或不是）P

S_2 是（或不是）P

S_3 是（或不是）P

……

S_n 是（或不是）P

S_1、S_2、S_3……S_n 是 S 类事物的所有对象

所以，所有的 S 都是（或不是）P

（二）应用完全归纳推理应注意的问题

完全归纳推理在前提中考察的是某类的全部对象，而不是某类

的一部分对象。也就是说，结论所断定的范围并未超出前提所断定的范围。所以，结论是根据前提必然得出的。应用完全归纳推理只要遵循以下两点，那么结论就必然是真实的：①对于个别对象的断定都是真实的；②被断定的个别对象是一类事物的全部对象。

完全归纳推理的前提是关于个别的论断，而结论是关于一般的论断，它是对某类事物一切个别认识的概括，使认识从个别上升到一般。这就是完全归纳推理在认识中的作用。但是由于完全归纳推理要求对某类事物的全部对象——列举考察，所以，它的运用是有局限性的。如果某类事物的个别对象是无限的（如天体、原子）或者事实上是无法一一考察穷尽的（如工人，学生），它就不能适用了。这时就只能运用不完全归纳法了。

第四节 复合命题的推理训练

一、复合命题概述

命题除了简单命题外，还有复合命题。

复合命题是在自身中包含了其他命题的一种命题，在一般情况下，它是由若干个简单命题通过一定的逻辑联结词结合而成的。例如：

高等学校既是教育中心，又是科学研究中心。

这是一个复合命题。它是由下述两个简单命题借助"既……又……"结合而成的：

高等学校是教育中心。

高等学校是科学研究中心。

构成复合命题的简单命题称作复合命题的肢命题。"既……又……"是把两个肢命题结合起来的联结词或称联结项，任何一个复合命题都是由一定的联结词结合若干肢命题构成的。

由此可见，复合命题包含两种成分：肢命题和联结词。复合命题的逻辑性质是由联结词来决定的。联结词的不同是区别几种不同类型复合命题的依据。我们本章分别介绍几种主要的复合命题（即联言命题、选言命题、假言命题）及其推理。

二、联言命题与联言推理

（一）联言命题

联言命题是断定若干事物情况同时存在的命题。例如：

检察人员既要执法，又要守法。

这个复合命题断定了两种事物情况的同时存在，即一方面肯定检察人员要执法，另一方面肯定检察人员要守法。构成联言命题的肢命题，称为联言肢。在联言命题中，联言肢可以是两个（如上例），也可以是两个以上。例如：

张三不是贪污犯，不是抢劫犯，也不是强奸犯。

在这个联言命题中就有三个联言肢。

在实践中，人们用得比较多的是具有两个联言肢的联言命题。

一个二肢的联言命题可用公式表示为：

p 并且 q

其中，p 和 q 表示肢命题，"并且"表示联结词。

在日常用语中，表示联言命题的联结词的语词是多种多样的。例如："既是……又是……""不但……而且……""虽然……但是……"等等。

(二) 联言推理

联言推理是前提或结论为联言命题的推理。联言推理有两种有效形式：

一是联言推理的分解式。联言推理的分解式是由联言命题的真，推出一个肢命题真的联言推理形式。在这种推理形式中只有两个命题，一个是作为前提的联言命题，一个是作为结论的肢命题。例如：

  司法工作人员办案要以事实为根据，法律为准绳，

  所以，司法工作人员办案要以事实为根据。

以公式表示这种推理形式如下：

p 并且 q

所以，p

联言命题只有在所有的联言肢都真的情况下，它才是真的，这就是上述联言推理的依据。有了联言命题的这种逻辑性质，才能由联言命题之真，推出其中一肢为真。

这种推理形式，由前提的肯定总体到结论的重点突出，这在认识过程中自然有其不可忽视的意义。

二是联言推理的组合式。联言推理的组合式是由全部肢命题的真推出联言命题真的联言推理形式。在这种推理形式中，结论是联言命题，前提是联言命题的全部肢命题。例如：

  李某犯了盗窃罪，

  李某犯了故意杀人罪，

所以李某既犯了盗窃罪，又犯了故意杀人罪。

数的概念是从现实世界中得来的，

形的概念是从现实世界中得来的，

所以，数与形的概念是从现实世界中得来的。

以公式表示这种推理形式如下：

p

q

所以，p 并且 q

我们在司法实践中和日常工作中要常用到这种形式。起诉书和判决书的结语就可以是运用这种推理得出的结论。例如，"本案事实清楚，证据确凿。""综上所述，被告人王某犯有强奸罪、故意杀人罪。"

三、选言命题与选言推理

（一）选言命题及其种类

选言命题是断定若干可能的事物情况至少有一个存在的命题。例如：

李某失踪的去向，或走失，或自杀，或他杀。

在这个命题中，我们断定了"李某失踪的去向"的三种可能情况：走失、自杀、他杀。其中至少有一种情况是存在的。构成选言命题的肢命题，可简称之为选言肢。联结词常用"或……或……""要么……要么……"。

对于任何一个选言命题来说，如果选言肢能够同时存在，那就是说，该选言命题所断定的若干事物情况是不相排斥的，即各个选言肢之间是彼此相容的，可以同时存在，是可以同真的。例如：

  他是个演员或是个导演。

这里的选言肢是可以同真的（有人既是演员，又是导演），因而是相容的。

反之，如果选言肢不能并存，那就是说，该选言命题所断定的若干事物情况是相互排斥的，即各个选言肢之间是不相容的，不能同时存在，是不能同真的。例如：

  那张画或是唐代的或是宋代的。

这里的选言肢是不能同真的，因而是不相容的。

根据选言肢是否相容，可以把选言命题分为相容的选言命题或不相容的选言命题。

1. 相容的选言命题

相容的选言命题是断定选言肢中至少有一个选言肢为真的选言命题。例如：

  胜者或因其强，或因其指挥无误。

  这份统计表格的错误，或者由于材料不可靠，或者由于计算有错误。

这些都是相容的选言命题。因为这两个选言命题中各个选言肢断定的事物情况是可以并存的。相容的选言命题可用公式表示如下：

p 或者 q

其中，p 和 q 表示肢命题，"或者"是联结词。

在日常用语中，相容的选言命题的联结词还可表示为："可能……也可能……""也许……也许……"等等。

2. 不相容的选言命题

不相容的选言命题是断定有而且只有一个选言肢为真的选言命题。例如：

> 某甲要么是自杀，要么是他杀。
>
> 对待前进道路上的困难或者战而胜之，或者被困难吓倒。

这些都是不相容的选言命题。他们都断定选言肢所反映的事物情况是不能并存的。

不相容的选言命题的公式是：

要么 p，要么 q

其中 p、q 表示肢命题，"要么……要么……"是联结词。

在日常用语中，不相容选言命题的逻辑联结词还有：不是……就是……，或者……或者……等等。

（二）相容的选言推理

选言推理是前提中有一个选言命题，并且根据选言命题选言肢间的关系而推出结论的推理。选言推理可以分为相容的选言推理和不相容的选言推理两种形式。

相容的选言推理是前提中有一个相容的选言命题的选言推理。根据相容的选言命题的逻辑性质（选言肢可以同真），相容的选言推理也有两条规则：

否定一部分选言肢，就要肯定另一部分选言肢；

肯定一部分选言肢，不能否定另一部分选言肢。

这种选言推理由于选言肢相容，肯定其中一肢或数肢后，不能随之否定其他肢，因此，它只有一种正确的推理形式，即否定肯定式。例如：

一份统计报表的错误,或者由于材料不可靠,或者由于计算上有错误,

这份统计报表的错误不是由于材料不可靠,

所以,这份统计报表的错误是由于计算上有错误。

可以用公式表示如下:

或 p,或 q

非 p

所以,q

根据前面的规则,肯定否定式对于相容的选言推理来说是不正确的推理形式。例如:

他或者是演员,或者是导演,

他是演员,

所以,他不是导演。

(三)不相容的选言推理

不相容的选言推理是前提中有一个不相容的选言命题的选言推理。根据不相容的选言命题的逻辑性质(选言肢不能同真,不能同假),不相容的选言推理有两条规则:

①肯定一部分选言肢,就要否定另一部分选言肢;

②否定一部分选言肢,就要肯定另一部分选言肢。

根据不相容的选言推理的这两条规则,不相容的选言推理有两种正确的推理形式:

一是肯定否定式:即前提中肯定选言命题的一个选言肢,结论中否定其他选言肢的形式。例如:

张某之死要么是自杀,要么是他杀,

　　　　张某之死是自杀，

　　　　所以，张某之死不是他杀。

可以用公式表示如下：

要么 p，要么 q

p

所以，非 q

二是否定肯定式：即前提中否定选言命题除了一个选言肢以外的其余的选言肢，结论中肯定那个没有被否定的选言肢的形式。例如：

　　　　甲犯应判处五年以下的有期徒刑、拘役或管制，

　　　　甲犯不应判处拘役或管制，

　　　　所以，甲犯应判处五年以下的有期徒刑。

用公式表示就是：

要么 p，要么 q

非 p

所以，q

四、假言命题与假言推理

（一）假言命题及其种类

假言命题也是一种复合命题，这种命题的主要逻辑特点在于：它不是对事物情况做出无条件的断定，而是反映某一事物情况是另一事物情况存在的条件。所以我们可以说，假言命题是断定某一事物情况是另一事物情况条件的命题，或者说，假言命题是有条件的断定某事物情况存在的命题。例如：

如果甲是凶手,那么甲有作案时间。

假如语言能生产物质财富的话,那么夸夸其谈的人就会成为世界上最富有的人。

这些都是假言命题。

假言命题由两个肢命题构成。其中表示条件的肢命题称作假言命题的前件,表示依据条件而成立的命题称作假言命题的后件。把前件和后件联系起来的联接词称为假言命题的联结词。

由于假言命题是断定事物情况之间的条件关系的命题,因此一个假言命题的真假就只取决于其前件与后件的关系是否确实反映了事物情况之间的条件关系。如前述的后一个例子,尽管其前件"语言能生产物质财富"和后件"夸夸其谈的人就会成为世界上最富有的人"都是假的,但前件和后件之间确实存在着条件关系,因而整个假言命题就是真的。

按照假言命题所表示的条件性质的不同,可以相应地把它们区分为不同的种类。

1. 充分条件假言命题

充分条件假言命题是断定某事物情况是另一事物情况充分条件的假言命题。

什么是充分条件呢?就是说,如果有 p,就必然有 q;而没有 p,是否有 q 不能确定(即可能有 q,也可能没有 q)。即有之必然,无之不必然。这样 p 就是 q 的充分条件。例如"摩擦"对于"生热"来说,就是一个充分条件,因为只要摩擦就必然生热,而不摩擦,未必不生热。

充分条件假言命题所断定的就是事物情况之间的这种充分条件的联系。例如:

如果物体摩擦，那么物体就会生热。

如果张三杀了人，那么他就有杀人动机。

这些都是充分条件假言命题。这种命题如果用一个公式来表示，则为：

如果 p，那么 q

在这个公式中，p 和 q 分别表示前件和后件，"如果……那么……"是联结词。

在日常用语中，充分条件假言命题的逻辑联结项还常常表达为"假如……那么……""倘若……则……""只要……就……"等等。

2. 必要条件假言命题

必要条件假言命题是断定某事物情况是另一事物情况必要条件的假言命题。

什么是必要条件呢？就是说，如果没有 p，就必然没有 q；而有了 p，却未必有 q（可以有 q，也可以没有 q）。这样，p 就是 q 的必要条件。换句话说，对于 q 的存在而言，p 的存在是必不可少的。即无之必不然，有之不必然。

例如，"事实清楚"对于"正确判决"来说，就是一个必要条件。因为，一个案件，如事实不清楚，就无法做出正确判决，而事实清楚，并不一定就能正确判决。

必要条件的假言命题所断定的就是事物情况之间的这种必要条件的联系。例如：

只有认识到落后，才能去改变落后。

只有长期努力地学习，才能学到系统的知识。

它们都是必要条件的假言命题。这种命题如果用一个公式来表

示,则为:

只有 p,才 q

其中,"p"和"q"分别表示前件和后件,"只有……才……"是联结项。在日常用语中,必要条件假言命题的联结项还可用"必须……才……""除非……不……"等等来表示。

3. 充分必要条件假言命题

充分必要条件假言命题是断定某事物情况是另一事物情况的充分而又必要条件的假言命题。

什么是充分而又必要的条件呢?就是说,如果有 p,必然有 q;如果没有 p,必然没有 q。这样,p 就是 q 的充分必要条件。即 p 这一事物情况的存在,对于 q 这一事物情况的存在来说,不仅是足够的,而且也是必不可少的。可以概括为:有之必然,无之必不然。

例如:"三角形等角"对于"三角形等边"来说,就是一个既充分又必要的条件。因为有了三角形等角,则三角形必等边;而没有三角形等角,则三角形必不等边。

充分必要条件假言命题所断定的就是事物情况之间的这种充分必要条件的联系。例如:

人不犯我,我不犯人;人若犯我,我必犯人。

三角形是等边的,当且仅当三角形是等角的。

这些都是充分必要条件的假言命题。这种命题可用公式表示如下:

如果 p,则 q,并且,只有 p,才 q

也可以表示为:

当且仅当 p,则 q

（二）充分条件假言推理

假言推理是前提中有一个为假言命题，并且根据假言命题前后件之间的关系而推出结论的推理。例如：

  如果一个三角形的三边相等，则该三角形的三个内角相等，

  这个三角形的三边相等，

  所以这个三角形的三个内角相等。

根据假言命题条件的不同，假言推理又可以分为：充分条件假言推理、必要条件假言推理和充分必要条件假言推理。

充分条件假言推理是一个前提为充分条件假言命题，另一个前提和结论为直言命题的假言推理。例如：

  如果某人是犯罪分子，那么某人就应该受到法律的制裁，

  某甲是犯罪分子，

  所以，某甲应该受到法律的制裁。

根据充分条件假言命题的逻辑性质，充分条件假言推理的规则有两条：

1. 肯定前件就要肯定后件，否定后件就要否定前件。

根据充分条件假言命题的性质，有前件就有后件，因此，肯定了前件就要肯定后件。又由于有了前件就一定有后件，因此，没有后件一定是由于没有前件，所以，否定后件就要否定前件。

根据规则，充分条件假言推理有两个正确的形式：

一是肯定前件式：在前提中肯定假言命题的前件，结论肯定它的后件。这种推理形式如下：

例如：

  如果某人是杀人犯，那么就应受刑法处罚，

某甲是杀人犯，

所以，某甲应受刑法处罚。

用公式表示就是：

如果 p，则 q

p

所以，q

二是否定后件式：前提中否定假言命题的后件，结论否定它的前件。例如：

如果某人是贪污犯，那么某人就是国家工作人员，

某甲不是国家工作人员，

所以，某甲不是贪污犯。

这种推理形式比较有用，也经常被运用，下面再举一个例子：

老师让两个学生做一个游戏，说："我这里有三块糖，两块是软糖，一块是硬糖。现在，我分给你们一人一块，我自己留下一块。请你们根据自己手里的糖来猜测对方手里的糖。"两学生接到糖后，先是愣了一会儿，后来其中一个道："对方手里的糖是软糖。"其推理过程如下：

如果对方手里的糖是硬糖，那么对方应立即判定我手里的糖是软糖，

对方没有立即判定我手里的糖是软糖，

可见，对方手里的糖不是硬糖。

再根据不相容的选言推理的否定肯定式，可以得知"对方手里的糖是硬糖。"

这种推理形式如下：

如果 p，则 q
非 q
所以，非 p

2. 否定前件不能否定后件，肯定后件不能肯定前件。

这条规则也是由充分条件假言命题的性质决定的。充分条件假言命题的另一性质是没有前件，不一定没有后件，因此，否定前件不能因之而否定后件，同理，没有前件不一定没有后件，是由于后件可根据其他条件得出，就是说，同一后件可由不同条件得出，所以，肯定后件就不能因之而肯定前件。

充分条件的假言推理如果违反上述规则，就不是正确的假言推理。例如：

如果得了肺炎，就一定要发烧，
李同志没有得肺炎，
所以，李同志没发烧。

这是一个错误的假言推理。因为有许多原因可以引起发烧，没有得肺炎不一定不发烧。规则 2 指出否定前件不能否定后件，而在这个推理中，从否定前件到否定后件，所以错了。又如：

如果骄傲，就要落后，
张同志落后了，
所以，张同志一定是骄傲了。

这个假言推理也是错误的。因为造成落后的原因可以有很多，张同志落后，不一定就是由于骄傲引起的。规则 2 指出肯定后件不能肯定前件，而在这个推理中，从肯定后件到肯定前件，所以错了。

(三)必要条件假言推理

必要条件假言推理是一个前提为必要条件假言命题,另一个前提和结论为直言命题的假言推理。例如:

  只有看到了别人的长处,才能学习别人的长处,
  你没有看到别人的长处,
  所以,你不能学习别人的长处。

根据必要条件假言命题的逻辑性质,必要条件假言推理也有两条规则。

1. 否定前件就要否定后件,肯定后件就要肯定前件。

这条规则是由必要条件假言命题的性质决定的。根据必要条件假言命题的性质,没有前件就没有后件,因此,否定前件就要否定后件。又由于没有前件就没有后件,因此,有了后件就一定是由于有了前件,所以肯定后件就要肯定前件。

根据规则,必要条件假言推理有两个正确的形式:

一是否定前件式:前提中否定了假言命题的前件,结论可否定它的后件。例如:

  只有你想清楚了,才能说清楚,
  你没有想清楚,
  所以,你不能说清楚。

这种推理形式如下:

只有 p,才 q
非 p
所以,非 q

二是肯定后件式：前提中肯定了假言命题的后件，结论可肯定它的前件。例如：

只有建立必要的规章制度，生产才能顺利进行，

某工厂的生产顺利进行了，

所以，某工厂建立了必要的规章制度。

这种推理形式如下：
只有 p，才 q
q
所以，p

2. 肯定前件不能肯定后件，否定后件不能否定前件。

这条规则也是由必要条件的性质决定的。必要条件的另一性质是有了前件不一定有后件，因此，肯定前件不能肯定后件。从另一个方面看，有前件不一定有后件，是由于单独一个前件不能得出后件，必须前件加其他条件才能得出后件，因此，没有后件不一定是由于缺少前件，也可能是由于缺少其他条件，所以，否定后件不能否定前件。

根据规则，"肯定前件式"和"否定后件式"对于必要条件假言推理来说都是错误的。例如：

只有年满十八周岁，才有选举权，

这个人已年满十八周岁，

所以，这个人有选举权。

这就是一个错误的"肯定前件式"。

只有年满十八周岁，才有选举权，

他没有选举权，

所以，他没有年满十八周岁。

这就是一个错误的"否定后件式"。

(四) 充分必要条件假言推理

充分必要条件的假言推理是一个前提为充分必要条件的假言命题，另一个前提和结论为直言命题的假言推理。例如：

当且仅当一个三角形是等边三角形，则它是等角三角形，

这个三角形是等边三角形，

所以，这个三角形是等角三角形。

充分必要条件假言命题的性质是有前件就有后件，没有前件就没有后件，有后件就有前件，没有后件就没有前件。因此，在前、后件之间肯定其中的一个便要肯定另一个，否定其中的一个便要否定另一个。由此得出四种正确的推理形式：

一是肯定前件式：

当且仅当 p，则 q

p

所以，q

二是肯定后件式：

当且仅当 p，则 q

q

所以，p

三是否定前件式：

当且仅当 p，则 q

非 p

所以，非 q

四是否定后件式:
当且仅当p,则q
非q
所以,非p

第七章

逻辑思维训练（二）——论证训练

第一节　论证的概述

一、论证及其结构

论证也叫证明，是根据已知为真的命题，来确定某一命题真实性的思维形式。如以下议论："喜马拉雅山脉是地质史上的海洋地区（论题）。因为凡是有水生生物化石的地层都是地质史上的海洋地区，而喜马拉雅山脉的地层中遍布了珊瑚、苔藓、海藻、海百合等化石（论据）"。这就是一个论证。论证有狭义和广义之分，狭义的论证仅指证明，广义的论证除了包括证明之外，还包括反驳。

论证是由论题、论据和论证方式三个要素构成的。

（一）论题

论题是要论证其真实性的命题。论题是论证的"纲"，是论证的"灵魂"，论证所围绕的轴心。全部论证，应该紧扣论题来进行。论证的着力点，是运用各种论证方式以确立论题的真实性。在分析论证的结构时，把握住论题，整个论证就迎刃而解。

论题通常在论证的开头提出，在论证的末尾归结。标志论题的联结词，有"所以""因此""因而""那么""于是""由此可见""如此说来""这说明""这表明""这证明"等。在分析论证的结构时，可以用排除论据的方法来确认、把握论题。在论证中，除表示论据的语句外，就是论题。上例联结词"因为"后面的语句是论据，除此之外，首句"喜马拉雅山脉是地质史上的海洋地区"是论题。

论题是已被或尚未被实践或理论证明为真的命题。对已被实践或理论证明为真的命题，在传授知识、宣传真理时，仍需进行论证，以便让人们确认、相信其为真。对尚未被实践或理论证明为真的命题，更需用充分的论据来进行证明以使其具有科学知识、真理的身份，构成科学体系的一环。

（二）论据

论据是用以论证论题真实性的命题。论据是论题赖以成立的理由、根据。论据是证明的"血肉"。论证的丰满、充实依靠充足、真实的论据。荀子说："持之有故"即坚持一个论题，应该有论据。

事实论据，是反映事物实际情况的命题。事实胜于雄辩，真实而充足的事实论据，对于论证的作用，胜过雄健有力的辩论技巧。用事实论据进行证明，叫"摆事实"。证明论题的事实论据，不是任意选取、随手拈来的。有说服力的，是典型的、有代表性的论据。事实论据不在于多，而在于精，在于说明论题。解剖一只麻雀，比单纯列举千万只麻雀，更能说明麻雀的生理构造和生活习性。高明的论证，不在于列举尽量多的事实论据，而在于选取能说明论题的、典型的事实论据。列宁曾指出，在社会现象方面，没有比胡乱抽出一些个别事实和玩弄实例更普遍、更站不住脚的方法了。罗列一般例子是毫不费劲的，但这是没有任何意义的或者完全起相反的作用，因为在具体的历史情况下，一切事情都有它个别的情况。如果从事实的全部总和、从事实的全部联系去掌握事实，那么，事实不仅是"胜于雄辩的东西"，而且是证据确凿的东西。如果不是从全部总和、不是从联系中去掌握事实，而是片段的和随便挑出来的，那么事实就只能是一种儿戏，或者连儿戏也不如。

理论论据，是已被证明为真的科学命题，如科学中的公理、定义、定理、原理等。用理论论据进行论证，叫"讲道理"。说明道理，进行理论推导，是论证性和说服力的重要方面。

标志论据的联结词，有"因为""由于""由此可知"等。上例"凡是有水生生物化石的地层都是地质史上的海洋地区，而喜马拉雅山脉的地层中遍布了珊瑚、苔藓、海藻、海百合等化石"，是证明论题的论据。

论据必须是真实性明显的命题，所谓真实性明显的命题，就是那些显然真实的命题。如已被确认的有关事实的（包括历史的和现实的）的命题、公理、定义以及已为科学所证明的一切命题（定理、原理、定律等等）都是真实性明显的命题。如果论据（第一层论据）不是真实性明显的命题，在论证时，就应为这些论据本身提供论据，并且，如果这些论据的论据（第二层论据）仍然不是真实性明显的命题，则对这些论据的论据仍应提供论据（第三层论据）……直到最后一层论据为真实性明显的命题为止。

（三）论证方式

论证方式，是论据和论题的联系方式，由论据导出论题的推理形式。最简单的论证只由一个推理构成，如上例就是用三段论推理形式进行论证的，其论证方式是："所有的 M 都是 P，所有的 S 都是

M，所以，所有的 S 都是 P。"较复杂的论证，由多个或多种推理构成。

论证方式，是论证的骨骼、脉络和结构。如果论证的骨骼环环相扣、脉络分明、结构严谨，就有较强的论证性和说服力。

论证方式，是论题赖以成立的思路、条理，是论证过程所运用的推理的总和。论证过程不合理，就无法有效地论证论题。论证方式有效，才能思路畅通，条贯理达。

简而言之，论题所要回答的是"论证什么"的问题，论据所要回答的是"用什么论证"的问题，论证方式所要回答的是"怎样论证"的问题。

二、论证的作用

（一）论证能使一个新的思想具有论证性和说服力

论证性，是指论证中论题、论据的真实性和论据对论题的支持程度。说服力，是指一个论证使人信服的力量。使人信服，需要采用理由充分的论证。理论只要能说服人，就能掌握群众；而理论只要彻底，就能说服人。论证性和说服力呈正相关：论证性越强，说服力越强。有强论证性的科学理论，会在长期实践过程中为自己开辟道路，说服众人相信。无论证性的歪理邪说，能蒙蔽某些人于一时，不能欺骗所有人于永久。

（二）论证是建构科学体系的工具

科学是揭示事物规律的知识体系，需要通过论证来建立。如在数学中，根据公理和已知定理，论证和发现新定理。只有经过严格逻辑论证的命题，才能取得定理、原理的资格，加入到科学知识的体系中。通过逻辑论证，判明为正确的定理、原理，才能构成科学体系的一环。

（三）论证是传播科学知识的手段

运用逻辑论证，便于使人理解和把握科学知识，拓宽人们运用科学知识的范围。

逻辑学研究论证，着重于分析论证的各种形式，指出论证必须遵守的一些逻辑规则，为人们有效地论证思想，宣传真理提供一些初步的然而又是必要的条件。

第二节 论证的种类

根据论证方式的不同，我们对论证的形式可做如下不同的分类：一是直接论证和间接论证；二是演绎论证和归纳论证。

一、直接论证和间接论证

直接论证是从论据的真实性中直接推出论题真实性的论证。

例如，当辩护人证明被告应从轻处理时，就列举论据进行直接论证：某被告曾五次撬门，盗窃公民财产，但被告因在公共场所打架斗殴被公安机关拘留审查时，在公安机关的教育下，主动交代上述犯罪行为，并经公安机关查证属实，同时又主动交代在火车站等地盗窃公民的电视机等物品之事。经查证也属实。所以，此案的被告人应从轻处理。

直接论证的特点是，它从论题出发，为论题的真实性提供正面的理由。

间接论证是通过确定其他命题的虚假来确定论题真实性的论证。间接论证通常用两种方法，即反证法和排除法。

反证法是通过确定与论题相矛盾的命题（即反论题）的虚假来确定论题真实性的间接论证。例如：

生物是发展变化的。因为如果生物不发展变化，那么古生物和今天的生物必然一样，但实际情况并非如此，古生物和今天的生物在形态、结构等方面都有很大的差异；所以生物是发展变化的。

反证法的论证过程是：

论题：p

反论题：非 p

论证"非 p"虚假

"非 p"虚假，故 p 真

排除法是通过确定除论题所指的那种可能外，选言命题所包含的其余可能都是虚假的，从而推出论题的真实性。

例如，定理"在三角形 ABC 中，若角 A 等于角 B，则 BC 等于 AC"的证明：两边 BC 和 AC 的关系，不外乎有三种可能的情形。即 BC 大于 AC 或 BC 小于 AC 或 BC 等于 AC，除这些关系外，再也不会有其他的情形了。因此我们只要能够排除 BC 大于 AC 和 BC 小于 AC，那么 BC 等于 AC 就可以证明了。根据已知的定理可知，在三角形 ABC 中，如果 BC 大于 AC，则角 A 大于角 B；如果 BC 小于 AC，则角 A 小于角 B，但这都同已知条件（角 A 等于角 B）相矛盾。根据选言推理，既然 BC 大于 AC 和 BC 小于 AC 都应排除，那么剩下唯一可能：BC 等于 AC。

排除法的论证过程是：

论题：p

或 p 或 q 或 r

非 q，非 r

所以，p

很显然，在排除法间接论证中，运用了选言推理的否定肯定式。因此，这种论证方法也叫选言证法。

二、演绎论证和归纳论证

演绎论证就是运用演绎推理形式所进行的论证。人们以科学原理、定律或其他真实命题为依据，运用演绎推理的形式，推出某个命题的真实性，这就是演绎论证。

> 例如，王某不应负刑事责任，因为根据刑法规定，正当防卫不负法律责任，王某的行为是正当防卫。

归纳论证就是运用归纳推理形式所进行的论证。归纳推理的结论是一般性知识，而前提则是关于个别、特殊事物的命题，所以，人们引用有关个别、特殊事物的命题作为论据来证明一般性的论题，这就是归纳论证。

例如，美国某博士为了证明吸烟与患肺癌之间具有密切关系，曾经对不吸烟的人和各种不同的吸烟的人做了认真的调查，他将调查的结果列成下表：

表 7-1 吸烟与患肺癌关系表

每天吸烟量	人数（人）	死于肺癌的人数（人）	每年每 100,000 人肺癌的死亡率（%）
不吸烟者	32,392	4	3.4
不到半包烟	7647	13	51.4
半包烟	26,370	50	59.4
一到两包烟	14,292	60	143.9
两包以上	3400	22	217.3

在上例中，这位博士将人分为五类然后归纳得出结论，是完全归纳。而对每一类人进行抽查以证明其肺癌的死亡率，则是不完全归纳。

第八章

非智力因素的优化

除了智力因素之外,影响一个人创新创业的另一个最为重要的因素就是非智力因素、情商。

与对智慧和创新思维及其要素的认识一样,人们对非智力因素是什么、有哪些因素构成也没有形成一致的意见。不过,我国学者大多认为,非智力因素是指智慧因素以外的、影响智慧活动效果的一切心理因素,主要包括动机、兴趣、情感、意志、性格等五种基本心理因素,并且都要以基本智力为基础才能显现出来。有的学者还提出了十种或八种非智力因素,但不论十种,还是八种,其中情绪、情感、情谊、情愫都是共同的。其他一些因素如意志、性格、兴趣、动机等可以说都直接或间接与情绪、情感联系在一起。因此,现在有一些人把非智力因素主要看作是情商(EQ)。

非智力因素和智慧、智力因素是相互影响、相互作用的。只有做到两者均衡发展,协调一致,人们在创新实践中才能取得很大的成功。

首先,智慧和创新思维的内在要素对非智力因素的影响表现在两个方面。

第一,智慧和创新思维的内在要素水平决定和制约着一个人非智力因素水平。一个人非智力因素水平的高低与其智慧和创新思维的内在要素的水平高低有很大关系,非智力因素水平的高低是由智慧和创新思维的内在要素发展的水平决定的。学习动机正确与否,学习动力的大小之分,学习兴趣的广度与稳定性及其效能,情绪体验的深刻程度及主导心境的情况,意志力、坚韧性、自制力及克服困难的快慢、难易等都与一个人的知识经验及思维水平密不可分。不难想象,面对同一问题、同一事物、同一困难,不同思维水平的人其非智力因素的表现是大不相同的。

非智力因素是在各种形式的智慧和创新思维活动中产生的,正是由于人们对各项事物有感知、记忆、想象、创新思维等的认知活动,人们才清楚了人与外界的关系,产生了对外界的某种需要,因而产生了相应的动机、兴趣等。在此基础上,情感日益丰富完善,意志品质也得到形成和发展,并相应形成性格特征、情绪特征和意志特征。不管哪种非智力因素,也不管是优良的,还是不良的,归根到底都是在认识、学习等智慧活动中产生并发展起来的。弗兰西斯·培根也曾表达过类似的观点:凡有所学,皆成性格。

学生的情商(EQ)等非智力因素都是在学习各门课、参与各项教育活动中逐渐产生、发展并表现出来的。不难找到在数学学习中智慧水平较高,成绩也好的学生,同时对学习数学的兴趣也特别浓厚,碰到难题有攻无不克的意志和毅力,对数学课感情特别投入、注意力特别集中,甚至于对数学老师也表现分外亲热的学生。足见智慧和创新思维的内在要素制约着非智力因素。

第二,智慧和创新思维活动的效果可转化为非智力因素。心理学的研究表明,人对其行为结果及其原因的认识和理解会转化为新的动机,加强或削弱日后的行为。认知的结果可以转化为动机;也可以增强求知欲和好奇心,也可转化为情绪或影响行为动力的调整等,这些都显示了智慧和创新思维的内在要素对非智力因素的影响和制约作用。

其次,非智力因素也影响着智慧和创新思维的内在要素的发展和表现。

虽然智慧和创新思维的内在要素有其自身相对独立发展过程,但智慧和创新思维的发展始终受非智力因素的影响和制约。良好的非智力因素能提高智慧和创新思维水平,而不良的非智力因素则会阻碍智慧和创新思维水平的提高,这种情况在学生时代尤其明显。

人的智慧和创新思维水平是通过思维活动表现出来的,在这个过程中,需要良好的非智力因素的支持。如果一个人的智慧和创新思维水平一般,然而非智力因素发展得很好,他就能获得超过其自身智慧水平的成就,表现在学业、事业等方面,就是能使后来者居上,成为力争上游的强者,获得较大的成功。"笨鸟先飞""勤能补拙"都说明非智力因素的优势能弥补智慧和创新思维内在要素发展的不足。相反,如果一个人智慧和创新思维水平较高,然而非智力因素很差,那么就会对智慧和创新思维的发挥起干扰和妨碍作用。家长和教师常常抱怨这样的学生:这孩子反应快,脑子好使,就是贪玩好耍,不把聪明用在学习上,并称这样的学生为"小聪明""鬼聪明"。这类学生的智慧和创新思维的内在要素明显较优,非智力因素较差,如果及时矫正,学习成绩就可能有明显的提高。所以,成大业者不仅要有超常的智慧和创新思维,还要有坚强的意志、饱满的情绪、远大的抱负、博大的胸怀。

第一节 动机的形成

动机是引起个体活动，维持这种活动，并使之朝向某一目标进行，以满足个体某种需要的内部动力。动机功能的核心就是动力和方向。我国著名科学家杨乐，上学时发现书本上的定理很多是以外国人的名字命名的，如初等平面几何称为欧几里得几何，直角坐标称为笛卡尔坐标，勾股定理称为毕达哥拉斯定理……难道中国人就不能为数学发展做出贡献吗？这成了杨乐学好数学的强大动力。

人的一切活动都是由动机支配的，动机的正确与否及其强弱程度将对人的活动效果产生直接的影响。对大学生来说，能否明确学习目的，树立正确的成才动机，将直接关系到他们日后能否成为国家和社会的有用之才。大学生的学习目的与学习动力与中学时期截然不同，没有了升学的压力，没有了家长和老师的监管，很多人入学后"无所适从""无所事事"，"郁闷""迷茫""空虚"等成了大学生的口头禅，也是他们真实心境的体现。

"我每年都问我们考取清华、北大的孩子，你为什么要去清华、北大？很多学生回答我说，因为我分数到了。分数到了和志趣导向是完全不同的。这些孩子不知道人生的目标在哪里，不知道择业方向在哪里，没有远大志向的高中生将来也不可能成为真正意义上的创新人才、拔尖人才。"江苏省天一中学校长沈茂德的一番话让不少人感慨万分。

人的动机是由于某种欲求或需要引起的。马斯洛认为人的欲求和需要可以由低到高的五个层次。如下图：

```
          自我实现需要
         尊重需要
        社交需要
       安全需要
      生理需要
```
马斯洛需要层次理论

马斯洛认为，人的动机表现出先天固有的层次性，而人的动机的最高层次就是自我实现的需要。所谓自我实现，就是对自己潜力的充分开拓和利用，自我实现的需要，就是使自己的潜力得到充分开拓和利用的需要，这种需要往往成为人们的创造动机，所以也叫自我实现的创造动机说。

创造就是自我实现动机的充分体现。马斯洛认为创造性是自我实现者的重要特征，他在所有的自我实现者身上都发现了这种特征。这种创造性不仅表现在某些人从事著书、作曲和创造艺术品的活动中，更准确地说，还反映在很一般的活动中。

一、树立远大的目标，培养高尚的动机

中国古语说："取法乎上，仅得其中；取法乎中，仅得其下。"这句话告诉人们，无论是治学还是立事，一定要志存高远，并为之努力奋斗，才有可能登峰造极。目标越高远，动机越强烈，动力越强大，事业成功的可能性就越大。高尔基说："一个人追求的目标越高，他的才智发展得越快，对社会就越有益，我确定这也是一个真理。"乔布斯喜欢这样的一句话："正是那些疯狂到以为自己可以改变世界的人，才能真正改变世界。"

对于人的成才来说，不仅要树立远大的目标，也要有适当的目标。实践证明，抱负水平过高、过低都不利于学习。过高则能力不能及，虽经顽强拼搏，失败也往往多于成功，自然也就难以体验到成功时的快感。一般来说，目标大小以一个人在其原有水平上增加20%为最佳。对于人的激励，首先要设立一个明确的、鼓舞人心而又切实可行的目标，只有目标明确而具体时，才能进行衡量和采取适当的强化措施。同时，还要将目标进行分解，分成许多小目标，完成每个小目标都及时给予强化，这样不仅有利于目标的实现，而且通过不断地激励可以增强信心。如果目标一次定得太高，就会使人感到不易达到或者说能够达到的希望很小，很难充分调动人们为达到目标而做出努力的积极性。

目标在个人成才过程中，甚至在整个人生过程中都是相当重要的。有人研究不同目标在人的活动中的作用。研究者分别组织三组教职工下乡，沿公路步行，目标是一个大家都没去过的村庄。三组教职工的情况分别为：①无目标组，不知道去的村庄有多远，只告诉他们跟着向导走就行了；②大目标组，知道目的地有10公里远；③大小目标结合组，不仅知道路程是10公里，而且路边每公里有一块里程碑。结果发现，无目标组越走情绪越低落，最后七零八落，溃不成军，大目标组走到一半路程时，开始有人叫苦，走了3/4路程时，情绪也比较低落，当快要到达目的地时，大家才又振作起来，但只有少部分人坚持到最后；大小目标结合组，热情一直很饱满，大部分人都坚持到达终点。这就说明：一个人在活动中，有无目标对其活动效率影响很大；人们不仅要有一个明确目标，而且还应随时知道自己前进的速度和不断与目标缩小着的距离。这样，动机才会更有效地维持行动，并使之不断趋向目标。这一现象叫作"定步速作用"。

二、变外因性动机为内因性动机

外因性动机包括一切由外在条件诱发出来的动机。如有的学生为获得奖学金而努力学习，并非真正对学习感兴趣。一般情况下，外因性动机的内驱力较小，维持时间也不长；激发起某种动机的外在条件一旦消失，被激发起来的外因性动机也就较难维持了。内因性动机是指由内在心理因素转化而来的动机。在学习中，能转化为内因性动机的心理因素很多，如兴趣、好奇心、好胜心、上进心等。内因性动机的内驱力较大，维持的时间也较长。可见，内因性动机中的"内滋奖励"（成功感或兴趣）比外因性动机中的"外附奖励"（单纯为了金钱或物质利益）既经济又富有积极作用。

美国心理学家阿曼贝尔发现，为了获得良好的外部评价或奖赏而努力工作的人很难表现出高度的创造性，而那些由内部动机或个人兴趣推动的人往往更容易发挥高度的创造性。这就是著名的"内部动机假说"。虽然这种观点的科学性需要进一步检验，但是，它却提示我们，过于注重人际关系或他人的看法可能对创造力产生消极的影响。

美国心理学家奥苏伯尔认为，学校情境中的成就动机（即学习动机）主要由三个方面的内驱力组成，即认知内驱力、自我提高内驱力和附属内驱力。成就动机的三个组成部分在动机结构中所占的比重，通常随年龄、性别、人格特征、社会地位、文化背景等因素的变化而变化。在儿童早期，附属内驱力最为突出，他们努力学习以求得好成绩，主要是为了得到父母、教师的肯定和表扬。到了儿童后期和少年期，附属内驱力不仅在强度上有所减弱，而且开始从父母转向同龄伙伴；在这期间，来自同伴、集体的赞许和认可就成为一个强有力的动机因素。而到了青年期，认知内驱力和自我提高内驱力成为学生学习的主要动机，学生学习的主要目的在于满足自己的求知需要，并从中获得相应的地位和威望。

三、以正面表扬与激励为主

盖杰和伯令纳曾在他们合著的《教育心理学》一书中指出，"表扬是一种最廉价、最易于使用且最有效的，但是也是最容易被人们忽视的激发学生学习动机的方法。有时，教师忘记了他们对于学生的表扬是多么重要。我们看到一些教师从不对学生说一句好话。这种行为是不可原谅的。"

实验证明，表扬与批评运用得当都可以对学生的学习起推动作用。但一般来讲，表扬、鼓励多于批评、指责，可以更好地激起学生的积极学习动机。美国心理学家赫洛克（E. B. Hurlock）的实验有力地说明了这一点。

被试者为106名小学四、五年级的学生，要他们练习难度相同的加法5天，每天15分钟。他把被试分为四个等组，分别在四种不同的诱因情况下进行加法练习，控制组单独一处学习，不予任何评论。其他三组为实验组，甲组为受表扬组，每次练习之后，主试逐个点名表扬；乙组为受训斥组，主试从不表扬他们，只对练习中的错误大加指责；丙组为受忽视组，每次练习后不表扬也不训斥，只静听其他两实验组受表扬和受训斥。结果表明：受表扬组学生每次都有进步；受训斥组的成绩不如受表扬组；成绩最差的是控制组，因为他们的练习没有一点点诱因，成绩愈来愈差；受忽视组本身虽不被直接强化，却可从受表扬组和受训斥组那里间接获得强化，故其成绩虽不如受表扬组与受训斥组,但稍好于控制组。这说明,表扬优于批评,不过两者均比没有任何表扬和批评好;不断受批评比不断受表扬效果差。

要多表扬。《中国妇女杂志》有一篇题目叫《一位母亲的三次家长会》的文章。说的是有位女性学生家长第一次参加家长会,幼儿园的老师对他说:"你的儿子有多动症,在板凳上面三分钟都坐不下来,你最好带他到医院去看一看。"这位母亲回家后她对儿子撒了一个善意的谎。她说:"儿子,老师今天表扬你了,原来你在板凳上坐不一分钟,现在居然能坐三分钟了,其他的妈妈都非常羡慕我有这样的儿子,因为全班只有你进步了。"那天晚上,母亲发现儿子破天荒地吃了两碗米饭,没有要人喂。

第二次家长会是这个母亲参加儿子的小学时候的家长会。老师对她说:"全班五十名同学,这次数学考试你的儿子排在第49名,我们怀疑他的智力有些障碍,你最好带他到医院查一查。"这位母亲回到家里还是善意地欺骗了儿子。他对儿子说:"小明,老师对你充满信心,老师说你并不是笨孩子,只要今后能够细心些,你会超过你的同桌,你的同桌这次排在21名。"说这个话的时候,母亲发现儿子暗淡的眼神一下充满了光亮,沮丧的脸一下子舒展开了。

孩子上了初中了,要开第三次家长会了。直到家长会结束的时候,她还没听到老师点她儿子的名,批评她儿子,她有些不习惯,临别的时候就去问老师怎么回事,老师告诉她:"按你儿子现在的成绩,考重点中学有点危险。"回到家里,这位母亲对儿子说:"小明,班主任对你非常满意,他说只要你努力,很有希望考上重点中学,考上重点大学。"后来,她的儿子考上了重点中学,再后来考上了清华大学。这位母亲是一位优秀的好老师,她的言行是高情商,高智商结合的典范。

要多激励。通过激发鼓励也可以开发人的动机和潜能。有一个小学老师上课爱提问题。老师说这个问题谁来回答呀？大家都举手，非常积极。有一个学生叫李小全也举了手。老师说："李小全，你来回答这个问题吧！"李小全站起来，一句话都说不出来，很尴尬，老师说："你坐下。"第二天、第三天上课，老师说："这个问题谁来回答？"全班同学都举手了，李小全也举手了，老师都让李小全回答问题，可他仍然回答不出来。

下课了，老师把李小全叫到办公室，对李小全说："小全同学，你看我们谈谈心吧。我想知道你都不会回答，还举手干什么？是不是太紧张了？"李小全说："老师，我不会回答。"老师就问："你不会回答，为什么还要一次、两次、三次都举手？"李小全说："全班同学都举手，我一个人不举手，我好掉价，我也要举手！"老师说："但是你不会回答呀！"李小全说："但是我要举手！"老师想了一下说："好，小全，我们两个约定一下。下次你能够回答，就举右手；你不能够回答，就举左手。我看见你举左手，就不喊你回答；你举右手，我就喊你回答。"李小全说："好！"以后再上课，一次、两次、三次，李小全都举手了，老师一看是左手，就不喊他。有一次，李小全举了右手，老师抑制住内心的喜悦，叫他回答问题，李小全基本上都回答对了。

时间一天天过去了，李小全举右手的次数越来越多，举左手的次数越来越少，以至于最后没有了，都能回答回答问题了，成绩也上去了。老师把李小全喊到办公室，对他说："小全，你有进步，已经能回答问题了，今后我们继续按约定的做下去吧！任何人都不要告诉。"李小全眼睛含着泪花，什么都没有说。在激励之中，人的潜能之花就开得很鲜艳。

第二节 兴趣的培养

兴趣是力求认识某种事物或爱好某种活动的倾向，这种倾向是和愉快的情感体验相联系的。有兴趣能使人的认识、理解、记忆处于最佳状态。在兴趣中学习，思维最主动、最活跃，智力和能力都能得到充分的发展。孔子曾说过："知之者不如好之者，好之者不如乐之者。"郭沫若说："兴趣爱好也有助于天才的形成。爱好出勤奋，勤奋出天才。"爱因斯坦曾说："热爱是最好的教师。"（一说兴趣是最好的老师！）古往今来，凡有成就者无不对自己从事的事业有强烈、浓厚的兴趣。正是对绘画的兴趣使著名画家齐白石历经磨炼、锲而不舍、大器晚成，40岁成名，到70岁他画技才达到顶峰。对数学的兴趣使身居斗室的陈景润忍受着疾病的折磨，不停地推理、演算，为摘取数学皇冠上的明珠——哥德巴赫猜想而努力。这就是说兴趣的培养有着不可忽视的重要性。

兴趣与动机既有联系，又有区别。它们都起源于需要，都是需要的表现形式，都是行为的动力因素。但是，兴趣是动机的进一步发展。对某一事物产生了动机，还不一定能发展为兴趣；若一旦成为兴趣，则必然有与之相伴随的动机。兴趣以行动结果获得的满足感而巩固、加深。一个人虽有学习动机，若无学习行动，是不会产生兴趣的；如果有动机也有行动，但行动结果没有获得满足感，也难以产生兴趣；只有行动结果反馈回来获得满足感后，才会使学习动机得到强化，并使学习兴趣随之而生。这就是所谓的"学习动机

—学习行动—结果满足—兴趣"的模式。

有了兴趣，工作、学习就不容易觉得累，就容易出成绩；相反，如果没有兴趣，就很难把工作、学习搞好。有这么一个年轻人，在公共汽车上当售票员，我们一眼就看出他非常不喜欢售票这个职业，他一会儿抬头看看手表，一会儿百无聊赖地看看窗外，也不满怀笑容地迎接乘客，也不介绍站名，也不好好售票。我们非常感慨的是他把这个车厢当作自己的监牢，我们感慨什么时候他能减刑。其实他完全可以转变过来，智商和情商结合，调整心态，热爱本职工作，好好售票，就像李素丽那样售票售出名堂来。环视我们周围，许多智商情商结合好的人，他们心中没有无形的监狱，他们没有心里的牢笼。如果有了，他们也很快把它减掉，调整心态，轻装上阵，投入到美好的学习、生活、工作中去。

我国中小学教育的一个重大缺憾是在很大程度上弱化了学生的学习兴趣。这使得我们的学生学习动力不足，缺少后劲。

一、尊重兴趣是培养兴趣的一个重要前提

纵观古今中外，大凡有所成就的人，甚至那些天才，我们会发现，他们之所以能在某些方面有所建树，原因其实很简单，只不过是他们发现了兴趣并付诸实践而已。1965年，韩国一个留学生到剑桥大学主修心理学，在喝下午茶时常听一些成功人士聊天，这些成功人士包括诺贝尔奖获得者、某些领域的学术权威和一些创造了经济神话的人。他们幽默风趣，举重若轻，把自己的成功看得非常自然和顺理成章。时间长了，他发现，在国内时被一些成功人士欺骗了，那些人普遍把自己创业的艰辛夸大了。1970年，他写成了毕业论文《成功并不像你想象的那么难》，后来作为一本书出版了。这本

书鼓舞了许多人,因为它从一个新的角度告诉人们,成功与"劳其筋骨,饿其体肤""三更灯火五更鸡""头悬梁锥刺股"没有必然的联系。只要你对某一事业感兴趣,长久地坚持下去就会成功。后来这位青年也获得了成功,他成了韩国泛亚公司的总裁。

在现实生活中,我们常常发现,孩子明明喜欢画画,父母却硬要他学琴。孩子明明喜欢听歌,父母却把他送去学棋。结果,父母培养得苦,孩子学得更苦。

每个孩子都有其不同的性情、特长和天赋,家长若不考虑孩子的兴趣,只一厢情愿盲目地设计孩子的未来,无疑是赶鸭子上架。从培养孩子的兴趣开始,才能为孩子美好的未来做一个最好的铺垫。

兴趣的产生首先来自于学生本身,因而兴趣培养要尊重并支持学生的个人喜好,在此基础上再采用适宜方法,进行定向培养。教师和家长切莫将个人的意愿强加于学生,同时在培养兴趣时也不要赶时髦。比如前一阶段社会上掀起的小提琴热、钢琴热、书法热、绘画热以及外语热,其中确实不乏有兴趣爱好者,但赶时髦者也不少。结果有些家长不惜昂贵的价格买来钢琴,为学生买书,请老师,付出了大量工作和财力,然而孩子只是最初几天摸摸钢琴,事后根本对钢琴提不起任何兴趣,不论家长如何苦口婆心,如何训斥打骂,均无济于事。由此可看出为了赶时髦,为了家长个人的意愿而不尊重孩子本身兴趣爱好的培养方法,即便该方法很高明,也会扼杀孩子的兴趣爱好,造成终生遗憾。

二、用容易引起兴趣的事物或活动来引起和培养兴趣

哪些事物或活动容易引起和培养兴趣呢?

1. 符合当前或长久需要的事物或活动。人们从事或不从事什么

活动往往从自己的需要出发,所以符合自己需要的事物或活动容易引起兴趣。

2. 新颖的事物或活动。人们对事物感到新颖而无知时,最能诱发好奇心,激起求知欲,引起学习兴趣。

3. 过去经历过并获得成功的事物或活动。人们从事某种活动,只要获得成功就能产生满足感,并伴随愉快的情绪体验,对这种活动就会更加上心,并有进一步从事的兴趣。

4. 符合能力水平并保有成功希望的事物或活动。符合人们能力水平的活动,比较容易成功,当然也就容易引起兴趣。这里所说的符合人们能力水平并不是指在人们的能力之下,而是那些既有适当难度,又有成功希望的活动。这种活动能使人们产生比较强烈的进取心和浓厚兴趣。活动过于简单,不能激发人们的积极性;活动难度过大,由于易失败也会使人丧失兴趣。

三、创造良好条件,逐步培养兴趣

对于家长和老师来讲,要使人对某种事物或活动产生兴趣,就要创造条件使人尽量接近某种事物或活动。例如,为了培养学生热爱读书的兴趣,老师和家长可以做这几方面的工作:首先,为学生找到一个适宜读书的场所。对于家庭来说,可以专门给学生一间清静的小屋,屋内光线充足,座椅舒适,书架内摆设各种书籍;对于学校来说,可以在图书馆为学生提供阅览和借阅的服务。其次,老师和家长要以身作则。例如家长平时在家休息时,多以读书作为娱乐方式,并经常到书店或图书馆去购买或查阅新颖和实用的图书,并将书中内容应用到实际当中,使学生对书产生一种向往,认为读书可以开阔视野,丰富知识,陶冶性情,增加乐趣,从而产生愿意读书的愿望。再次，就是多创造让孩子接近书的机会。比如经常带孩子到图书馆或书市，去购买适合孩子的书籍，而且家长可以适当地引导孩子读自己有兴趣的书，保证其读书有益于身心健康的发展。最后就是对于学生由于读书取得的成绩，要给予充分的肯定和表扬。教师在学生中可展开读书心得交流会，让喜欢读书的同学介绍其读书的经验。还可以开展"读书的乐趣"主题班会，让学生自己去搜集名人读书成才的事迹，在班会上讲给大家听，既锻炼了学生的语言表达能力，又培养了他们读书的兴趣。

对事物或活动的认知也能增强人们对事物或活动的兴趣。一些优秀的理科教师在讲课时，经常有意识地介绍这门学科当前的发展水平，以及进一步发展的关键，以此来激发学生的求知欲望。如学习数学，教师应该在教学过程中适当地讲解一些有关数学发展的历史，以及数学对科学技术、国防和经济建设的意义。从而使学生明确数学的重大作用，增强学好数学的动力，提高对数学的兴趣。数学家沈元在中学教课时，用诗歌的语言指出："自然科学的皇后是数学，数学的皇冠是数论，哥德巴赫猜想是皇冠上的明珠"，"二百年来，难住了所有的数学家"。正是这些启人心扉的话语，在少年陈景润的心田播下了崇高理想的种子，激励着他以浓厚的兴趣、顽强的意志去夺取数学皇冠上的明珠。如果我们的老师在课堂教学中，都能像沈元老师那样，激发学生从小树立攀登科学高峰的雄心壮志，那将会产生何等巨大的精神力量呀！

对于个人来讲，假装喜欢法也是培养兴趣的一种方法。我们每一个人差不多都有自己喜欢的功课，同时我们也会有不感兴趣的功课。这类偏科现象在学生当中非常普遍，它不仅影响我们的学习成绩，而且影响我们在学习、工作中所必需的某些基础知识的掌握，甚至会贻误我们的前途。有一名初中学生非常偏爱语文，小学时就发表过文章。但他却不喜欢数学，因此，初中毕业未能通过升学考试，直到得知自己落榜的消息后，痛哭不已。我们应当接受这个教训。对我们来说，应该有最喜爱的功课，而不应有不感兴趣的功课。如果一旦在学习中发现有偏科现象，就必须立刻意识到应当尽快加以纠正。之所以产生不感兴趣的功课，心理学家研究发现根源在于态度：认为它不重要，学习它没有多大意义，学起来太困难，凡此种种态度就导致了我们对某门功课在感情上的疏远。根据心理学上的"亲密效果"现象的解释，对感情上疏远的功课，必然表现得不亲密，不感兴趣，甚至讨厌。

但是心理学家又告诉我们，任何不感兴趣甚至讨厌的情绪都不是先天就有的，而是随着我们对待事物的态度的变化而变化的，态度变化了，兴趣也就变化了。如果我们面对不感兴趣的功课在态度上能够变得感兴趣，我们在情绪上自然就不会讨厌这些功课了。我们可以用"假装喜欢"的方法来使我们的态度发生改变。世上许许多多弄假成真的事实都证明了这个方法的有效性。例如，有一位朋友，他非常喜爱听民歌，但是有一段时间里广播、电视、舞台上尽是五花八门的流行歌曲，想听民歌听不到，怎么办呢？他就装假喜欢听，免得烦心。结果，他竟成了流行歌迷。这正如一位心理学家说的那样："假如你'假想'对工作感兴趣，这态度往往会使你的兴趣变成真的。"

由此可以看出采用"假装喜欢"法是有成效的，但这要求学生自己要有一定的毅力，要有决心，要克服自己的惰性，只有这样，才能够形成稳定的兴趣。如果做不到爱一行干一行，也要努力做到干一行爱一行。

对于学校来讲，要培养学生的创新创业兴趣，就应注意广泛开展各种各样的创新性活动，如创业、小发明活动，大学生的科研活动等，使创新成为风气，成为人才标志之一。这样，创新的兴趣一定能被激发和培养起来。

四、突出中心兴趣，培养广泛兴趣

一是培养广博的兴趣。具有广泛兴趣的人就会经常注意多方面的新问题，并努力去钻研这些问题，从而大大增加各方面的知识经验。真正的天才和伟人都知识渊博，兴趣深广，他们对人类的三种最高文化：哲学、艺术、科学，都具有持久、浓厚的兴趣。古今中外的各种杰出人才，几乎都对哲学、音乐、文学、美术、科学有较高造诣，如达·芬奇、笛卡尔、牛顿、莱布尼茨、伽利略、爱因斯坦、贝多芬、歌德等等。马克思曾在给他女儿的信中说："人类的任何知识对我都是不陌生的。"钱学森被人称为"万能科学家"，他的专业是航天工程，但他与铁道机械工程、工程控制论、思维科学、文学、绘画、小提琴，也结下了不解之缘。如今，世界科技迅速发展，相关学科越来越多，因此，对知识有广泛的兴趣，才可能获取丰富的知识，获得发展多方面能力的条件。

二是养成稳定的中心兴趣。在兴趣爱好广博的基础上，还得有持久而稳定的中心兴趣。保持兴趣的恒久，才能推动深入钻研问题，进行艰苦的创造性活动。有成就的人通常在有广泛兴趣的同时，总有他们终生专心研究的课题，而不是主次不分、平均用力。

大学生，尤其是重点大学的大学生，经常犯的一个错误就是滥用自己的时间和才智。一方面，他们觉得自己挺聪明，什么都能学好，什么都能做好，因而十分随意地投放自己的才智和精力；另一方面，他们觉得自己拥有充裕的时间，因而慷慨地把时间用于各种琐碎的、未必有多大意义的事情上。其实，多中心就是无中心。一个人什么都喜爱，也就等于什么都不喜爱。生命在时间中展开，也在时间中消逝。如果一个人希望在自己短暂的一生中有所成就，就一定要善于限制自己。

歌德晚年在与秘书爱克曼的谈话中表示，自己过去没有好好地珍惜时间。比如，他曾经写过长达1000多页的颜色学方面的著作，提出了与牛顿不同的颜色理论。但如果他从年轻时期起就能把全部时间用在刀刃上，一定会在文学艺术上取得更大的成就。在歌德之后，黑格尔也在《小逻辑》中阐述了类似的见解。他表示，化学、数学和西班牙诗歌都会引起人们的兴趣，但如果一个人希望自己有所造就，就必须把自己严格地限制在专业的范围内，决不能旁驰博骛。在当下这个知识和信息无限膨胀的时代，严格限制自己的学习和研究范围，更是具有特别重要的意义。

大学生在治学中应该严格区分以下两个不同的领域，即了解的领域和研究的领域。前一个领域是宽泛的。在这个领域中，我们可以浏览各个学科的文本，获取各种前沿的信息，以便在研究思路和方法上得到启发。后一个是狭小的，我们对某些著作的精读和全部研究工作都在这个领域中展开。如果我们随意地到了解的领域里去做研究，其结果将是：一方面，我们的精力被分散了；另一方面，研究工作也会支离破碎，甚至迷失方向。反之，如果在研究领域里，我们只停留在粗浅了解的水平上，那么研究成果就必定也是肤浅的、浮光掠影的，绝不可能得到学术界的认同。总之，只有把自己的主要精力和时间限制在自己最有兴趣和能力去研究的狭小领域里，才有可能在短暂的人生中有所成就。正如太阳光线在平行照射的情况下是不可能产生很大热量的，只有通过放大镜把光线聚集到焦点上，才会产生巨大的热量。

要处理好培养中心兴趣和广泛兴趣的关系，最好的办法是围绕中心兴趣来培养广泛兴趣。例如，一个人的中心兴趣是唱歌，那么他就可以围绕唱歌这一中心兴趣来培养与之相关的广泛兴趣，如跳舞、体育、文学等。

第三节 情绪的调控

情绪和情感是人对事物所持态度的体验。情绪和情感反映的是一种主客体的关系，是作为主体的人的需要和客观事物之间的关系。例如，长期遭受旱灾的地区降了一场大雨，这场雨显然符合人们的主观需要，人们会对之采取肯定的态度，产生满意、愉快等内心体验；相反，已经遭受洪涝灾害的地区仍然降雨不止，造成更大的损失，降雨显然违背了人们的主观需要，人们对之持否定的态度，产生不满、愤怒甚至憎恶等内心体验。

在生活中，我们经常说到人与人之间"雪中送炭"或者"雪上加霜"，指的是某些事物符合或不符合人的需要而引起不同的情绪和情感体验。

情绪和情感虽然不尽相同，但却是不可分割的。因此，人们时常把情绪和情感通用。我们一直将情绪和情感作为一个统一的心理过程来讨论，但从产生的基础和特征表现上来看，二者有所区别。

首先，情绪出现较早，多与人的生理性需要相联系；情感出现较晚，多与人的社会性需要相联系。婴儿一生下来，就有哭、笑等情绪表现，而且多与食物、水、温暖、困倦等生理性需要相关；情感是在幼儿时期，随着心智的成熟和社会认知的发展而产生的，多与求知、交往、艺术陶冶、人生追求等社会性需要有关。因此，情绪是人和动物共有的，但只有人才会有情感。

其次，情绪具有情境性和暂时性；情感则具有深刻性和稳定性。情绪常由身旁的事物所引起，又常随着场合的改变和人、事的转换而变化。所以，有的人情绪表现常会喜怒无常，很难持久。情感可以说是在多次情绪体验的基础上形成的稳定的态度体验，如对一个人的爱和尊敬，可能是一生不变的。因此，情感特征常被作为人的个性和道德品质评价的重要方面。

最后，情绪具有冲动性和明显的外部表现；情感则比较内隐。人在情绪左右下常常不能自控，高兴时手舞足蹈、郁闷时垂头丧气、愤怒时又暴跳如雷。情感更多的是内心的体验，深沉而且久远，不轻易流露出来。

情绪、情感是一种对智力活动起显著影响的非智力因素。热情是一种强有力的、稳定而深刻的情感，如对祖国深沉的爱，为祖国富强而创新的强烈的情感。热情是掌握整个人的身心，决定一个人思想行动的基本情感。心理学研究表明，热情是一种具有巨大推动力的情感。没有对创新的深厚热情，要想在创新中取得成功是不可能的。爱因斯坦说过："我坚信，如果你具有专注的热情，你一定能够在科学领域中孕育出一些有价值的东西。"微生物学家巴斯德也说："我们都为高超的热情，追求进步真理的热情而生气勃勃。"

由于情感是由情绪转化而来，本节就主要谈一谈情绪及其调控。

一、正常情绪的功能

在正常的情绪下，情绪反应符合下列几个条件：第一，它是由适当的原因引起的，并且该原因为当事者本人所觉知；第二，情绪反应的强度，应和引起它的情境相称；第三，当引起情绪的因素消失之后，反应会视情况而逐渐平复。

正常的情绪反应，不论是积极的（愉快的）还是消极的（不愉快的），都有助于个体的行为适应。

1. 愉快而平稳的情绪，能使人的大脑处于最佳活动状态，保证体内各器官系统的活动协调一致，使人的食欲旺盛、睡眠安稳、精力充沛，充分发挥有机体的潜能，提高脑力和体力劳动的效率和耐久力。

2. 愉快的情绪还能使整个机体的免疫系统和体内化学物质处于平衡状态，从而增强对疾病的抵抗力。据说英国著名化学家法拉第，年轻时由于工作紧张，神经失调，身体虚弱，久治无效。后来，一位名医给他做了详细检查，没有开药方，只留下一句话："一个小丑进城，胜过一打医生。"法拉第仔细琢磨，觉得有道理。从此以后，他经常抽空去看滑稽戏、马戏和喜剧等，并在紧张的研究工作之后，到野外和海边度假，调剂生活情趣，以保持长期的心情愉快，结果活到了76岁，为科学事业做出了很大贡献。有人调查发现，几乎所有长寿老人平时都非常愉快，并且长期生活在一个家庭关系亲密，感情融洽，精神上没有压力的环境中。

3. 达观快乐的积极情绪还能使别人更喜欢接近自己，从而有助于建立良好的人际关系。美国心理学家杰·列文甚至认为："会不会笑，是衡量一个人能否对周围环境适应的尺度。"此种说法虽不免有些夸张，但真诚的笑确能感染别人，消除隔阂。来了陌生的客人，相视一笑，即可握手言欢；打扰伤害了别人，歉然一笑，便能得到谅解；遇到异国朋友，投之一笑，彼此的心就通了。一个面孔阴郁，从来不笑的人,很难说心理是健康的。无怪乎莎士比亚说:"如果你一天之中没有笑一笑,那你这一天就算是白活了。"

4. 焦虑、忧愁、恐惧、愤怒等不愉快的情绪,只要适当(符合前边讲的三个条件),也是正常而有益的。个体在适度的焦虑情绪之下,大脑和神经系统的张力增加。思考能力亢进,反应速度加快,因而能提高工作效率和学习效果。人们常说:"生于忧患,死于安乐,革命者要忧国忧民,先天下之忧而忧。"这说明忧愁也有好的一面。过分的恐惧,固然反常,但对一切都不知惧怕,也是不正常的,适度的惧怕,可使人们小心警觉,避免危险,预防失败。恐惧使个体进入紧张激动状态,由于交感神经兴奋,肾上腺分泌增加,呼吸、心跳、脉搏加快加强,血压、血糖和血中含氧量升高,血液循环加快,把大量营养输向大脑和肌肉组织,血小板较平时增加很多,因之血液较易凝固,而消化器官的活动将会减低,甚至完全停止。这种应激反应的作用,是使身体有较多的能量,来应付当前的危险。人在发怒时也有类似反应。面对敌人的挑衅,革命战士义愤填膺,"天兵怒气冲霄汉,横扫千军如卷席"。对这种积极的怒,不但不要遏制,相反还要激发。

二、不良情绪的危害

所谓不良情绪是指两种情形:一为过于强烈的情绪反应;二为持久性的消极情绪。二者对于人的健康和社会适应都是有害的。

(一)过于强烈的情绪反应

人的情绪虽然主要受皮层下中枢支配,但是当这一部分活动过强时,大脑皮层的高级心智活动,如推理、辨别等将受到抑制,使认识范围缩小,不能正确评价自己行动的意义及后果,自制力降低,并使工作和学习效率降低。

国外有人做过这样一个实验。让几个大学生单独地进入实验室，该室有四个门，其中三个门是锁住的，只有一个门可以打开，实际上只要按顺序将各门试一下，便能很快找到出路。但当实验者用冷水、电击、强光、大声等强烈刺激同时加之于受试者，使之趋于紧张状态时，好几个被试者呈现慌乱现象，不知道按顺序找出路，四面乱跑，已经试过是被锁住的门，会重复地去尝试，显然是给弄糊涂了。像这一类因情绪激动而失去理智的现象，在日常生活中是屡见不鲜的。有些学生平时成绩不错，到了考试时，由于过分紧张，成绩反而降低。有些运动员在重大比赛中，也常常因心情紧张而临场发挥不好。

过度的神经紧张，还可能引起超限抑制，一个人吓得呆住或气得说不出话来就是这种表现。在盛怒之下引起心脏病猝发而突然死亡的事例，在临床上也时有所见。即使高兴的情绪也需要适度，"乐极生悲"并不是耸人之谈。心肌梗死患者大笑容易发生意外，重症高血压病人过度兴奋也可能诱发脑出血。一位外国作家曾举出过许多由于高度愉快而引起死亡的例子。有一个人得知三个儿子在奥林匹克运动会上同时夺得金牌后突然死亡。当一位哲学家去世时，他的侄女因为在他临终床头找到了六万法郎，就快活地死掉了。《儒林外史》中屡试不第的穷书生范进，在突然听到自己中了举人的消息后，喜极发疯，患了癫狂病。

（二）持久性的消极情绪

另一种不利的情形是消极情绪的持久性反应。当人在焦虑、忧愁、悲伤、惊恐、愤怒、痛苦时，会发生一系列生理变化，这是正常现象，当情绪反应终了时，生理方面又将恢复平静。通常此类变化为时短暂,没有什么不良的影响,但若情绪作用的时间延续下去,生理方面的变化也将延长。久而久之,就会通过神经机制和化学机制引起心血管系统、消化系统、泌尿生殖系统、呼吸系统、内分泌系统等各种躯体疾病。

有人用动物做了这样一个实验:将 A、B 两只猴子的身体固定在相邻的铁架上,只让前肢自由活动,下肢均有导线相连,可由一自动控制的仪器通电给以电击。两只猴子面前各置一弹簧开关(放松即自动弹回),不同的是 A 猴面前的开关可用以切断电流,使两猴都解除痛苦,B 猴面前开关虽可操弄但无效用。实验开始前,先让猴子学会操纵开关。每次实验时间为 6 个小时,然后休息 6 小时。实验中每隔 20 秒电击一次,在通电之前先亮灯为信号。由于 A 猴要时刻警觉,每隔 20 秒操纵一次开关(倘若疏忽,两猴会同时受到电击),因而比"坐以待击"的 B 猴加倍紧张。实验持续 23 天后,A 猴便身体不支死亡,经解剖发现其肠胃中已产生溃疡,而 B 猴的肠胃却安然无恙。

还有学者曾对 500 多人进行调查分析,结果表明,人们在经历一系列紧张事件后,各种疾病都有所增加。据美国耶鲁大学医学院报告显示,在所有门诊病人中,属于情绪紧张而患病的人数占 76%。这些病人因为长期陷于某种情绪状态,对那种紧张心情已经习以为常,所以往往把注意力集中到身体的症状上,而不觉得它和情绪有关。

三、情绪的自我调节

人是有感情的,但更是有理智的。一个心理健康的人能用理智驾驭情绪,而不做情绪的俘虏。

(一)合理宣泄

情绪既然是健全心理中不可缺少的一面,我们对正常的情绪就不能过多压抑而要加以宣泄。

当情绪发作时,人体内潜藏着一股能量,须借情绪的发泄来加以释放,否则积聚起来,将有害身心。如果我们的情绪表达经常受到压抑或禁制,便易引起心身疾病。在身体上常见的有胃病、高血压和心脏病等;在心理上常见的是心理紧张、神经病以及精神病。

情绪上所受的抑制太多,或所受的心理压力太大,还能引起心智障碍,影响记忆、思维等心智活动的效应。如家庭或学校的气氛过于严肃,加之儿童的限制太多,或对他们的好奇心不予满足,都会导致"心智的僵固",有碍智能的发展和创造性的发挥。

一个在情绪上受到过多限制的人,个性通常不够开朗,而且可能产生不合作,不合群,甚至反群和反抗权威的行为,这自然会使他在社会适应和人际关系方面大受影响。

情绪的宣泄有直接和间接两种方式。直接的宣泄就是直接针对引发情绪的刺激来表达情绪。当直接发泄对于别人或自己不利时,则可用间接发泄使情绪得到出路。

心中有了不平之事,可以向组织和领导汇报,向周围同志倾诉,并接受他人的批评,通过自己感情的充分表露与从外界得到的反馈,将增加自我认识而改变不适当的行为。

与人闹了矛盾,要开诚布公地与对方交换意见,解开疙瘩,消除误会,千万不要让怒气积压在胸中。万不得已,在至亲好友面前大哭一场,述说心中的委屈痛苦,得到安慰和同情,心里也会好过一些。痛哭本身作为纯真的感情爆发,是人的一种保护性反应,是释放积聚能量,排出体内毒素,调整机体平衡的一种方式。好比洪水暴涨，水库即将决堤，打开溢洪道，便可避免一场灭顶之灾。

体育锻炼和文化娱乐活动也是消除心中郁结、宣泄情绪的好方法。

情绪应该宣泄，但宣泄必须合理。有的人不分时间、地点、场合，对着引起自己不快的对象大发雷霆，甚至采取违反道德和法制的攻击行动，这种直接发泄常常引起不良后果。还有的人将不良情绪胡发乱泄，迁怒于人，找替罪羊。如在工作中不顺心的丈夫回家拿老婆孩子出气，在爱情上受到挫折的服务员把火发在顾客身上。还有的人，不管什么事，只要不合自己的意，便发牢骚、讲怪话，以此发泄不满情绪。这些泄愤方法不但于事无补，而且会影响团结，妨碍工作，因而是不可取的。

有一个国家的高官对总统说："我对那个人恨极了，我简直想揍死他。"总统说："不要揍他，我建议你写信骂他，骂他狗血淋头。"这个高官一想，总统都建议我写信骂他。写啊，回去就把信写好了，世界上骂人的话几乎都写进去了，写好了，去问总统："你看怎么办，我什么时候寄给他。"总统说："不要寄给他，烧掉，你反正最想骂的话都骂了，写了，发泄了，你就烧掉吧。"我们现在需要很多心理医生，其实我们大多数人都可以当心理医生的。什么意思？心理医生的大部分时间就是耐心的倾听患者的心声，只要当一个好的听众就能起到把心理疾病患者的心理改变的良好的效果。

（二）适当控制

对正常情绪应当宣泄，对不良情绪则要控制。要控制情绪，首先必须承认某种情绪的存在；其次，要弄清产生该种情绪的原因；最后，对于使人不愉快的挫折情境要寻求适当的途径去克服它或是躲开它。

第一，要有理智。在挫折面前，人应当以对事物的理性认识来控制个人的情绪。当忍不住要动怒时，要冷静审察情势，检讨反省，以决定发怒是否合理，发怒的后果，以及有无其他较为适当的解决办法，经过如此"三思"，便能消除或减轻心理紧张，使情绪渐趋平复。具有辩证观点的人往往是比较理智的，很多表面看去令人悲伤的事件，如果从另外一个角度或从发展上去看，常可发现些正面的积极的意义。塞翁失马，安知非福，坏事、好事是可以转化的。与人发生争执时，倘能设身处地地站在对方的立场上想一想，也就可以心平气和了。

第二，要转移。在发生情绪反应时，头脑中有一个较强的兴奋灶，此时如果另外建立一个或几个新的兴奋灶，便可抵消或冲淡原来的优势中心。当火气上涌时，有意识地转移话题或做点别的事情来分散注意力，便可使情绪得到缓解。在余怒未消时，可以用看电影、听音乐、下棋、打球、散步等正当而有意义的活动，使紧张情绪松弛下来。有的人生起气来拼命干活，这既是一种转移，也是一种宣泄，不失为一种行之有效的制怒方法。但此时需提醒他注意安全。因为在激怒情况下，动作往往不够准确协调。

第三，要幽默。高尚的幽默是精神的"消毒剂"，是极有助于个人适应的工具。当一个人发现一种不调和的或对自己不利的现象时，为了不使自己陷入激动状态和被动局面，最好的办法是以超然洒脱的态度去应付。此时，一个得体的幽默往往可以使一个本来紧张的情况变得比较轻松。使一个窘迫的场面在笑语中消逝，使愤怒、不安的情绪得以缓解。善于幽默的人，不开庸俗的玩笑，更不随便拿别人开心，而是以机智的头脑、渊博的学识，巧妙诙谐地揭露事物的不合理成分，既一语破的，又使人容易接受。在一些非原则问题上，宁可自我解嘲，而不去刺激对方，激化矛盾。生活中不是不能幽默，但不要把自己的快乐建立在别人的痛苦上。

例一："你怎么对得起你穿的 NIKE 啊，NIKE 的标志是钩钩，你还是得叉叉，下次再错我让你穿特步，特步就是叉叉……"国庆期间，"麻辣教师"邓睿将整理出来的"麻辣语录"发到论坛上，引起网友热议。"麻辣教师"用幽默缓解矛盾，使课堂更加和谐。

例二：丈夫下班回到家里，坐在沙发上一声不吭。妻子上前问丈夫："吃什么，我替你做去。"丈夫没好气地说："吃什么？吃你。"显然，丈夫在工作中受了气，不顺心，对自己的妻子发脾气了。作为妻子，如果不能控制自己的情绪，与丈夫顶撞起来，家庭的风暴就刮起来了。妻子没有顶撞，而是在丈夫面前不停地来回小跑步，跑了一会，妻子满头大汗，浑身直冒热气。"你老是在我面前跑什么跑?"丈夫没好气地对妻子说。妻子微笑着对丈夫说："亲爱的，你不是要吃我吗，我在为你热菜。"丈夫听了，"噗嗤"一声，笑了出来，妻子也笑了，家庭风暴过去了。

第四，要升华。将不为社会所认可的动机或欲望导往比较崇高的方向，使其具有创造性、建设性，叫升华。这是对情绪的一种较高水平的宣泄，是将情绪激起的能量引导到对人、对己、对社会都有利的方面去。据说歌德年轻时，曾遭受失恋的痛苦，几次想自杀，但他终于抑制了这种轻率的行为，把自己破灭的爱情作为素材，写出了震撼欧洲的名著《少年维特之烦恼》。

遇到不公平的事情，一味地生气、憋气，或颓唐绝望，都是无济于事的，做出违反法制的报复行动更是愚蠢的，是在用别人的错误惩罚自己。正确的态度应该是有志气、争口气，将挫折变成动力，做生活中的强者。

第五，要自我安慰。当一个人追求某项事物而得不到时，为了减少内心的失望，常为失败找一个冠冕堂皇的理由，用以安慰自己，就像吃不到葡萄说葡萄酸的狐狸一样，所以称作"酸葡萄心理"。与此相反的是"甜柠檬心理"，即用各种理由强调自己所有的东西都是好的，以此冲淡内心的不安与痛苦。这种自欺欺人的方法，偶尔用一下作为缓解情绪的权宜之计，对于帮助人们在极大的挫折面前接受现实，接受自己，避免精神崩溃，不无益处，但用得过多，成为个人的主要防卫手段，则是一种病态，会妨碍自己去追求真正需要的东西。

第六，要放松。通过训练，人们还可以用自我放松法控制情绪，即按一套特定的程序，用生理过程来影响心理过程，从而取得松弛入静的效果，使紧张和焦虑的情绪解除。我国的气功、印度的瑜伽、日本的禅宗等均属此类。

第四节　意志的锤炼

意志是人们为了实现预定的目的而自觉调节自己的行动，克服困难，以实现目的的心理过程。学生为了取得优异成绩而刻苦学习，科技工作者为了早出成果而努力攻关，这些都是人的意志的具体表现。人的意志活动有三个具体特征：一是意志具有明确的目的性，也就是对自己行动的正确性和重要性有充分的认识，能明确地意识到自己行动的结果和社会意义;二是意志以意识活动为基础,也就是根据既定的目的,自觉地组织自己的行动,并由一系列随意运动来完成;三是与克服困难相联系,也就是说,凡是意志行动都必须克服一定的外部困难和内部困难。毫不费力、轻而易举地活动不是意志活动。

意志所起的作用主要有两个。首先是对外部行动的调节作用。毛泽东有早上用冷水冲澡的行为习惯,就体现了毛泽东的坚强意志。意志对行为的调节保证着行为的目的方向性,其结果就是预定目的的实现,这种调节表现在发动和制止两个方面:一方面约束自己战胜诱惑和干扰,不做与目的相违背的事情;另一方面支配自己按照目的要求去从事克服困难的行动。其次,意志的作用是可以调节人的心理状态,它不仅可以调节注意、思维等认识过程,还可以调节人的情绪状态。意志通过对心理状态的调节对行为施加其影响。

孟子曾说过:"人若无志,与禽兽何异?"荀子说过:"锲而不舍,金石可镂。"墨子说过:"志不强者智不达。"晚清学者梁启超也深有感触地讲:"有毅力者成,反是者败。"可以说,意志是成人、成才、成学的关键,无论从事什么活动,没有良好的意志品质,都是难以成功的。

创新就是一种意志行为,创新的特征就是克服困难,做前人和别人没有做的事。因此,在诸多非智力因素中,意志与创新的联系是最为密切的。

成语里有一句艰难困苦,玉汝于成,还有一句筚路蓝缕,意思都是说创业不易。不易在哪里呢?对创业者来说,肉体上的折磨算不得什么,精神上的折磨才是致命的,如果有心自己创业,一定要先在心里问一问自己,面对从肉体到精神上的全面折磨,你有没有那样一种宠辱不惊的定力与精神力。如果没有，那么一定要小心。对有些人来说，一辈子给别人打工，做一个打工仔，是一个更合适的选择。

对一般人来说，忍耐是一种美德，对创业者来说，忍耐却是必须具备的品格。

良好的意志品质是大学生成才的重要保证。现在的大学生大多是独生子女，从小受宠，抗挫折能力、自制能力较差，具有较强的受暗示性，易受环境和他人的影响，缺乏控制能力和责任感，不能很好地把握自己。

如果没有良好的心理承受能力，不能正确地调节自己，就可能会造成这样一些悲剧：某学校的一个学生离校出走了，因为老师批评了他；某校有一个成绩很优秀的学生自杀了，因为偶尔的一次考试考砸了；某孩子居然杀害了自己的亲生母亲，因为妈妈仅有的一次责骂。这不能不令人震惊。这样的学生步入社会，如果遇到一些突发事件，就可能毫无免疫力，不知所措，无法适应社会，终究会被社会淘汰。

下面，我们就来谈谈如何通过挫折教育来提高学生的意志品质。

一、要正视挫折，用挫折来锤炼意志

要锤炼意志，首先必须有远大目标，有完成任务的强烈愿望。只有这样，才能胜不骄败不馁，再接再厉。理想是一种伟大的推动力量，所以，有了正确的理想、信念和人生观，才能在实现理想和追求的道路上，不畏崎岖和曲折，百折不挠，奋勇向前。除此之外，我们主要可以通过挫折教育来锤炼意志。

心理学认为，挫折是指个体在从事有目的的活动中遇到干扰、

障碍，遭受损失或失败时产生的一种心理状态。这种心理状态是由于人有各种需要不能满足，愿望和目标没有实现所造成的。比如早上起床去上学，没想到路上遇到交通阻塞而迟到，被老师批评了一顿，这时可能会因为委屈而生气、懊恼，产生一些消极的情绪反应。

对于什么是挫折教育，人们并没有取得一致的意见。在我看来，所谓挫折教育就是通过挫折对受教育者实施的素质教育，主要是为提高受教育者的心理素质（尤其是非智力因素）而进行的教育。我们这里所谓的挫折是指在生活、学习、工作中自然形成的挫折和为了实施挫折教育而人为制造的挫折。

（一）挫折教育可以提高受教育者的心理素质尤其是非智力因素的水平

挫折之所以是挫折，是因为碰到了难题，而解难题显然可以锻炼并提升学生的意志、情感、性格等非智力因素的水平。

大文豪巴扎克也说："世界上的事情永远不是绝对的，结果完全因人而异。苦难对于天才是一块垫脚石，对于能干的人是一笔财富，对弱者是一个万丈深渊。"别林斯基说过："不幸是一所最好的大学。"爱因斯坦说："通向人类真正的伟大境界的通道只一条苦难的道路。"

（二）挫折教育是素质教育的一个重要组成部分

挫折之所以是挫折，是因为碰到了难题，而解难题通常需要创新的思路，实践中的挫折还可以锻炼学生的实践能力。素质教育有两个重要目标：一是培养学生的创新性；二是培养学生的实践性。可见，实施挫折教育有利于素质教育这两个目标的实现。

有句古诗说得好，未曾清贫难成人，不经打击老天真。自古英雄出炼狱，从来富贵入凡尘。

正所谓自古英雄多磨难，从来纨绔少伟男。原因可能和我们上面提到的（一）（二）点有关。一个人小的风浪经历多了，大的风浪也就能抗住了，而不至于崩溃。大风大浪经历得多了，一个人的能力想不得到提高都难。

（三）成大事者都自觉不自觉地接受了挫折教育

纵观历史，我们可以看出，大多数或绝大多数的杰出人才都经历过重大的挫折，一辈子一帆风顺且又成大事者可谓是少之又少。西汉大将韩信，曾蒙受胯下之辱，却以风云疆场的辉煌，永载史册。三国时期，刘备曾经在大街上卖过草鞋，终成蜀国一代帝王。元末朱元璋，曾经当过八年和尚，饱尝颠沛流离的乞丐之苦，后成为明代开国皇帝……世界音乐大师贝多芬，一生中遭遇了贫困、失恋等诸多挫折，尤其是双耳失聪，对于一个音乐家、作曲家，简直就是灭顶之灾。但是，他在这种种挫折中，磨砺了坚强的意志，激发了顽强的进取精神，最终完成了蜚声世界乐坛的《贝多芬交响曲》……若说挫折，他们经历的挫折，可谓痛彻心髓。但是，他们不仅顽强地挺过去了，而且为了实现理想踌躇满志、运筹帷幄，终于成就了一番大业。

教师在教学中就要给学生讲正确对待挫折的思想，让学生有充分的心理准备，不至于遭到挫折便束手无策。教师要教育学生在任何情况下都要有敢于面对现实的勇气，在逆境中也能够顺利走出来，满怀激情地拥抱生活。教师在教学中要多给学生讲解那些身处逆境仍然自强不息、奋力拼搏的人生经历。教师要指导学生学会正视挫折，在现实生活中，不遭受挫折是不可能的，关键是对待挫折的态度。

二、在挫折中学习，愈挫愈勇

创业既然是一个不断摸索的过程，创业者就难免在此过程中不断地犯错误。反省，正是认识错误、改正错误的前提。对创业者来说，反省的过程就是学习的过程。有没有自我反省的能力，具不具备自我反省的精神，决定了创业者能不能认识到自己所犯的错误，能不能改正所犯的错误，是否能够不断地学到新东西。

吃一堑，长一智。不能从失败中学习的人是没有什么希望的，人不应当两次在同一个地方跌倒。

对于在生活中遭到的挫折，我们要善于总结，以便从中学到一些经验，从而内化为我们的知识，为我们以后使用，帮助我们不要在同一个地方再跌倒，这才是我们要做到的，也是挫折带给我们的礼物。如果遇到挫折便心灰意冷，没有生活下去的勇气，那么，你的一生将会一无所成。有句话说得好，爬起来比跌倒多一次，你就成功了。因此，每个人都应当树立这样的思想：挫折使我们又多学到了一些在通常情况下无法学到的知识，是使我们更加倾向成熟的一种有效途径，只有这样，我们才会不怕挫折，才能会更加正确地对待挫折，越挫越勇。

三、处理好和赏识教育的关系

今天在大力推行"素质教育"的浪潮中，在"赏识教育"备受推崇的同时，我们要意识到"赏识教育"诚然是值得提倡的，对学生、对孩子，当然要鼓励。可它绝不是教育的全部。别忘了挫折教育也是人生路上必不可少的一课。要培养学生既能在顺境中生存也能在逆境中奋起的能力。我们的学生、孩子，他们还未成年，自制力极差，有必要有一些纪律上的约束，或者轻度的处罚。而且，一旦他们做错了事，要让他们明白，这是要他们自己必须承担后果的。只有这样，他们才能在经历挫折的时候，逐渐提高心理承受能力。

四、教师和家长要把握挫折的度和具体的应对措施

生活中，经常会遇到大大小小的"挫折"，这时，家长不要嫌孩子拖拉时间而包办下来，要给孩子足够的时间去思考和探索，解决问题后，引导孩子去总结自己的成功之处在哪里，下一次再面对挑战或挫折时，孩子就会主动积极地去面对。

为学生设置的情境必须有一定的难度，能引起学生的挫折感，但又不能太难，应是学生通过努力可以克服的。适度和适量的挫折能使学生自我调节心态，调整行为，克服困难，追求下一个目标；过度的挫折会损伤学生的自信心和积极性，使学生产生严重的挫折感、恐惧感，最后丧失兴趣和信心。对陷入严重挫折情境中的学生要及时进行心理疏导，如帮助学生分析遭受挫折的主、客观原因，找出失败的症结所在等。在必要时可帮助学生一步步地实现目标，让学生体会到只有战胜了困难才能前进一步，而进步、达标的全过程就是不断战胜困难的过程。

这就带来了另一个问题：如果我们提供的挫折是较低程度的、完全可控的，那么这样的挫折教育就可能会是低效的或作用不大的。因为我们知道很多伟人在其成长过程中都经历过痛不欲生、撕心裂肺的大挫折，而这样的挫折是我们的学校教育所不敢也不能提供的。因此，从现阶段来看，我们不能不说学校挫折教育的作用是有限的。当然，将来也许有一天我们对挫折教育的认识更科学了，我们学校的挫折教育就会更有效了。

第五节　性格的塑造

性格是一个人对现实的稳定的态度以及与之相适应的习惯化行为方式所表现出来的心理特征的总和。

性格的心理结构十分复杂，包含着多个侧面，许多特征。概括起来有四种。一是性格的态度特征。这又包括三个方面，第一方面是对社会、集体、他人的态度特征。例如，责任感。马云说："你愿意为10名员工承担责任，你的事业只能做到10名员工，你愿意为5000名员工承担责任，你的事业就能做到5000名以上。"对智力活动影响较大的有：正直还是奸诈，诚实还是虚伪，富有同情心还是冷酷无情，谨慎还是傲慢；第二方面是对工作学习的态度特征，包括勤奋还是懒惰、认真还是马虎、细致还是粗心、创新还是墨守成规；第三方面是对自己的态度特征，包括谦虚还是骄傲、自尊还是自卑、严于律己还是放任自流等。二是性格的意志特征，表现为四个方面。第一方面是对行动目的明确程度的特征，主要包括自觉性还是盲目性、独立性还是顺从性、纪律性还是散漫性等；第二方面是对行动的自觉控制水平的意志特征，主要包括主动性还是被动性、自制性还是冲动性；第三方面是在紧急或困难情况下表现出来的意志特征，主要包括果断还是优柔寡断、勇敢还是怯懦、沉着镇静还是惊慌失措等；第四方面是在长期工作中表现出来的意志特征，主要包括严谨还是粗枝大叶、灵活还是顽固、有恒心还是半途而废。三是性格的情绪特征，也有四个方面。第一是强度方面的特征，主要包括情绪体验微弱易受意志支配还是情绪体验强烈难以用意志控制；第二是稳定性方面的特征，主要表现在无论成功还是失败，情绪都比较稳定还是因成功冲昏了头脑，或因失败而垂头丧气；第三是持久性方面的特征，主要体现在情绪体验持久还是稍纵即逝；第四是主导心境方面的特征，主要体现在经常精神饱满、愉快、平静还是情绪经常抑郁、消沉、压抑。四是性格的理智特征，也分为四个方面。第一是感知方面的特征，主要包括被动感知型还是主动感知型、快速型还是精确型、详细分析型还是概括型；第二是记忆方面的特征，主要表现为主动记忆型还是被动记忆型、直观形象记忆型还是逻辑思维记忆型、快速型还是缓慢型；第三是想象方面的特征，主要表现为主动想象型还是被动想象型、想象广阔型还是想象狭窄型、大胆想象型还是想象受阻型；第四是思维方面的特征，主要表现为独立型还是依赖型、分析型还是综合型。

按心理活动的倾向划分，人的性格可分为：外倾型——这种人情感表露，善交往，但比较粗心；内倾型——深沉，孤僻，谨慎，不爱交际，可是办事认真仔细。

性格与人的健康关系十分密切。《红楼梦》里才貌双全的林黛玉，就是因其性格多愁善感，忧郁猜疑，终于积郁成疾，呕血而死。《三国演义》里的周瑜是东吴的大都督，人们说他是活活被诸葛亮给气死的。话说回来，如果身经百战的周瑜具有良好的性格，诸葛亮就是有天大的本事也气不死他。现代医学证实，那些抑郁症和精神分裂症患者，大多是性格孤僻，不适应社会生活所致；有些高血压、心脏病患者与性格暴躁、易于动怒有关。

性格决定命运。多年前，肯尼迪总统英姿勃发时死于非命；若干年后，小肯尼迪也在生命如日中天之时重蹈其父覆辙。难道冥冥之中真的有无形之手操纵肯氏家族成员的命运吗？不是的。以色列遗传学家埃伯斯坦分析说，肯氏家族成员的鲁莽行事，是造成悲剧的一个因素。它源自该族成员具有的一种冒险基因。

小肯尼迪继承家族的传统风格，喜欢冒险刺激，喜欢海上扬帆、水上漂筏，他还创办敏感政治刊物《乔治》。小肯尼迪在出事之前就因驾机不慎导致小腿骨折，那次出机时他的小腿还缠着石膏。显然他的驾机技术还不够成熟，驾机经验也不足。那天起飞前大西洋上空的气候恶劣，能见度很低，即使最富经验的老手也不敢贸然起飞，但肯氏家族的性格促使小肯尼迪拿三个人的生命做赌注，结果他又一次谱写了家族的悲剧。

在此之前的50年间，肯尼迪家族共有6人分别死于坠机、服药过量、滑雪意外和遇刺。人们常说，性格就是命运，肯尼迪家族的悲剧非常典型地印证了这一点。

人生的悲剧归根到底是性格的结果。俄国作家果戈理长篇小说《死魂灵》里有个泼留希金，他的家财堆积得腐烂发霉，可是贪婪、吝啬的性格促使他每天上街拾破烂，过着乞丐般的生活。在现实生活里，性格的悲剧更是屡见不鲜。青年诗人顾城制造的惨绝人寰的悲剧，就是个典型的例子。他杀妻灭子后自杀，就是因性格孤僻，心地狭窄，而最后发展到畸形、扭曲、精神崩溃。

不良的性格能给人带来悲剧，那么良好的性格必然能给人带来人生的辉煌。我国杰出的女作家冰心一生淡泊名利，生活上崇尚简朴，不奢求过高的物质享受。文坛上的斗争与她无关，她在平和的环境中与人相处，在微笑中勤奋写作。她的健康长寿，事业辉煌都得益于开朗、豁达的性格。

一、认识自己的性格，选择合适的职业

心理学专家认为，根据性格选择职业，能使自己的行为方式与

职业工作相吻合，更好地发挥自己的聪明才智和一技之长，从而得心应手地驾驭本职工作。例如，有些人喜欢思考，善于权衡利弊得失，故适合管理性、研究性和教育性的职业；喜欢感情用事的人通常表现为情感反应比较强烈，行为方式带有浓厚的情绪色彩，故适宜于艺术性、服务性的职业；做事积极、果断的人通常表现为行为目标明确，行为方式积极主动，坚决果断，故多适应于决策性的职业。

在择业中，我们不难发现这样的现象：有人选择了教师的职业，可是性情暴烈缺乏耐心；有人选择记者的职业，但生性沉稳、反应迟缓。于是，原先理想的职业大大失去了原有的色彩。究其原因，并不是这些人能力低下，而是因为他们的性格与所从事的职业不相适应。可见，性格不同不仅会影响一个人职业的选择，而且可能直接影响到具体工作的成败。所以，我们应根据自己的性情特点，有针对性地选择适合自己的职业。如一个人很喜欢从事秘书工作，但他的性格活泼、兴奋性高、情绪易激动，那就不符合秘书职业的要求，应选择公关、采购之类的职业。

所谓成功就是做最好的自己！这其中主要就包括找到一个适合自己性格的工作。

二、改变和完善自己的性格

任何类型的性格都有好坏之分，每个人应针对自己的性格类型扬长避短。性格开朗、活泼、不拘小节者，生活、学习中就应注意不要高傲、言行偏激或处事草率。性格谨慎、软弱者就应注意不要过于胆小怕事、孤僻自卑，墨守成规或缺乏感情色彩。生性散漫、优柔寡断或任性固执者，则要严加防范，尽力纠正这些性格弱点。

从理工科大学生现状分析，粗略估计有大约近半数的学生性格不十分理想，在没有重大风浪时还显不出什么大毛病来，一遇波折就暴露出许多不适应未来创造的不良性格。大约有 1/4 的同学，有较明显的性格缺陷，已经影响正常学习和生活。

人的性格形成的主要原因是什么呢？有人强调先天的因素，有人强调后天的因素。目前多数学者认为，两者都起作用，但以后天的作用为主。孔子早就说过："性相近也，习相远也。"汉代扬雄说："人之性也善恶混，修其善则为善人，修其恶则为恶人。"东方人和西方人都有习惯形成性格的说法。

心理学研究认为，大学生所处的学龄晚期，性格的稳固态度和行为方式趋于成熟。所以，对大学生来说，性格可塑性比较弱。但仍然是可以优化和塑造的。实现性格优化，主要应靠自我调节和自我改造。

本杰明·富兰克林曾经觉察到他正在不断地失去一些朋友。他开始意识到他在不断地与人发生争执，和人相处不好。快到新年了，大家都在制定新年计划。富兰克林坐下来，开出一张清单，清单上有他所有让人讨厌的性格特点。他对这些特点进行编排，把最有害的一个放在清单的第一位，然后依次排下来，害处最小的排在最后。他决定要一个一个地改掉这些坏毛病。每次他发现自己成功地改掉了一个坏毛病的时候，他就把这个毛病从清单上划掉，直到清单上所有的坏毛病都划完为止。他在自传中写道："我的目的是养成所有美德的习惯。"富兰克林后来成为全美国人格最为完美的人之一。人们尊敬他，崇拜他。今天几乎在所有关于性格塑造的书中，你都会发现富兰克林的名字，他被看作这个方面最杰出的例子来引用。

丘吉尔年轻时特别害羞，一讲话就脸红。但是丘吉尔并没有因此而放弃自己的理想和抱负,他决心彻底改变自己的弱点。于是他每天对着镜子练习演讲,自演自看,自讲自听。每一个词语,每一个语调,每一个神态,他都经过认真思考和反复锤炼,同时在现实生活中不断地磨炼、提高。几年后,他便风度翩翩、语惊四座了。

丘吉尔的演讲水平令世人折服。他在演讲中的措辞、语调和手势中能透出非凡的勇气和力量。二战中最困难的时刻,英国军民的精神支持几乎全靠丘吉尔每天的广播演讲。

第九章

走向创新的实践

本章主要讲创新实践能力的培养。实践能力就是对个体解决问题的进程及方式直接起稳定的调节控制作用的个体生理和心理特征的总和。个体实践能力以其解决问题的层次和质量为衡量指标。广义的实践能力包含了个体在实践中获得成功所需的智力因素和非智力因素。我们这里所讲的创新实践能力主要是指人们在创新活动中解决实际问题的能力，包括动手能力、操作能力、生活能力、交往能力、执行能力、语言表达能力、组织管理能力等。不同的主体，如医生、军人、教师等有不同的实践能力。

实践能力包含的因素可以有很多，但对于即将要走向社会的高校学生来说，具有处理好理想与现实、理论与实际、个人与社会、个人与他人等关系的能力就显得非常重要。处理好上述几种关系对于我们培养各种实践能力，在实践中获得成功起着至关重要的前提作用。

有的人可能具有比较高的智商和情商，但由于他没有认识到处理好理想与现实、理论与实际、个人与社会、个人与他人等关系的重要性，或不愿意花时间和精力在这些方面，那么他的实践能力也会因此而弱化。所谓幸福就是处理好各方面的关系而感到心满意得的状态。

第一节　从理想走向现实

理想应该是对未来的合理的想象。按照理想的奋斗时间的长短来划分，理想可以分为长远理想和近期理想。现实是人们面临的客观实际。要实现人生理想，就要正确认识和处理理想和现实的关系。

第一，理想与现实的区别。理想与现实的区别就在于：理想是一种思想观念，而现实却是一种客观实在。理想和现实本来就是一对矛盾，它们是对立统一的关系。它们是对立的，比如理想是主观的，现实是客观的；理想是完美的，现实是有缺陷的；理想是未来的，现实是当下的，等等。在现实之中，既有假、恶、丑，也有真、善、美。现实比理想实在，但是，它有待于发展。理想是一种思想观念，是对现实的超前反映。理想是真、善、美的反映，是通过人们的努力而实现的一种未来的现实。我们应当立足现实，面向未来，不被现实中的假、恶、丑所迷惑，坚持不懈地追求理想实现；应当不懈地努力，奋力拼搏，改变现实，实现理想。

第二，理想与现实的联系。理想与现实有着重大的区别，又有着密切的联系。首先，理想是现实的反映，理想来源于现实。理想不能离开现实，理想必须以现实为基础。离开现实的想象必然是空想。理想的实现也必须从现实开始，按照理想的设计认真地改造现实，才能实现理想。离开了现实，就不可能实现理想。因此，我们应当从当下开始，从小事做起，扎扎实实走好现实通往理想的道路。现实中孕育着理想，形成着理想，包含着理想实现的条件和因素。

其次，理想高于现实，是现实的超前反映。理想来源于现实，包含着现实的因素，并且将来会变成新的现实。因此，不仅要看到理想与现实矛盾冲突的一面，还要看到他们相一致的方面。只有这样才能全面地把握二者的关系，不因为在现实中遇到这一矛盾而产生偏颇的思想认识和态度。因此，理想信念教育应让学生敢于面对现实，引导学生用科学的、全面的、发展的、辩证的眼光正确认识和看待理想和现实。

一、要坚守自己的理想

人们在确立理想和追求理想的过程中，会感受到理想与现实的矛盾。

有的大学生用理想的标准来衡量和要求现实，用理想来否定现实，进而对现实大失所望，甚至不满。这种把现实当作理想要求的倾向，不但会导致对现实的全盘否定，还会对理想丧失信心，最终抛弃理想。现实中确实有许多不尽人意的地方，比如，官僚主义、腐败现象、不正之风，以及下岗、就业难等问题。这些问题完全可以通过深化改革，扩大开放，完善法制法规等来加以解决。之所以会出现这些误区，从思想方法上讲，就是由于不能辩证地看待和处理理想与现实的矛盾。

人生没有理想，就像大海里失去方向的航船一样不知所往。商人以营利为目的，似乎与高尚道德无缘。前世界首富石油大王保罗·盖帝在1916年还不到24岁时，就已经赚到了第一个100万，"我赚大钱了——我要退休了！"他直截了当地对父母说，可是父亲对他说，你的财富表示你可能为无数人提供工作的机会，可以替许多人包括你自己提供更多的财富，你可以让全社会人都过上较好的生活。但保罗·盖帝听不进去，他永远说做就做。他买了一辆敞篷凯迪拉克跑车，带着穿不完的衣服，花不完的钞票，在南加利福尼亚、洛杉矶、好莱坞过着花天酒地的生活……两年后他实在百无聊赖的时候，想起了父亲曾经说过的话，人还可以让别人也生活得更好，他开始了另一种人生修炼，一如既往地说做就做。"当我26岁重新上班的时候，父亲给了我一个早就有言在先的微笑！"社会的规律就是这样，当你为别人贡献得更多的时候，你获得的更多，保罗·盖帝成了世界首富！他还出了三本书，其回忆录《我怎样变成世界首富》与他的财富一样养育了世界上很多的人！

要有远大理想。爱因斯坦说："每个人都有一定的理想，这种理想决定着他的努力和判断的方向。就在这个意义上，我从来不把安逸和享乐看作是生活目的本身——这种伦理基础，我叫它猪栏的理想。照亮我的道路，并且不断地给我新的勇气去愉快地正视生活的理想，是善、美和真。要是没有志同道合者之间的亲切感情，要不是全神贯注于客观世界……那么在我看来，生活就会是空虚的。人们所努力追求的庸俗的目标——财产、虚荣、奢侈的生活——我总觉得都是可鄙的。"

从社会发展的角度来讲，我们要鼓励人们树立远大的理想。

二、要认清理想实现的长期性、艰巨性、曲折性

人是生活在社会中的。个人是被社会集团裹胁着前进的。个人理想只有与社会集团理想一致，才有可能得到实现。为此，恩格斯晚年提出了著名的"合力论"，认为"历史是这样创造的：最终的结果总是从许多单个的意志的相互冲突中产生出来的，这就有无数相交错的力量，有无数个力的平行四边形，由此就产生出一个合力，

即历史结果,而这个结果又可以看作一个作为整体的、不自觉地和不自主地起着作用的力量的产物。因为任何一个人的愿望都会受到任何另一个人的妨碍,而最后出现的结果就是谁都没有希望过的事物。所以到目前为止的历史总是像一种自然过程一样地进行,而且实质上也是服从于同一运动规律的。"在这里,恩格斯把意外结果与历史发展规律的关系突现出来了。

理想具有个人性,任何社会集团的共同理想,都只能产生和存在于该社会集团中每个人的头脑中,伟大人物的理想与普通人的理想不同之处,在于伟大人物常常把自己的理想变成某个社会集团的共同理想,并鼓动起整个社会集团为实现这一理想而奋斗。然而,即使是伟大人物的理想也不可能得到原原本本的实现,实践中出现的意外后果也经常迫使他们根据实际需要及时修正原有的设想。

理想与现实有着差距或很大的差距,理想的实现是一个长期性、艰巨性、曲折性的过程,因此有的青年大学生出现了"以现实否定理想"的倾向。他们往往在面对理想与现实的矛盾时,宁愿抛弃理想,认同现实,甚至认同和美化现实中的消极现象。这是对理想丧失信心的表现。社会上一度流行的"告别理想""告别崇拜""告别革命"的思潮,以及所谓"前途、前途、有钱就图"的口头禅,就是这种"用现实否定理想"的思潮。

理想实现的长期性。个人理想又是以社会理想为背景的,它的实现往往以社会共同理想的实现为基础条件。九尺之台,起于垒土;千里之行,始于足下。对于很多人来说,一辈子只能干一件大事。对于很多人来说,他们的远大理想甚至只能得到部分实现,如对于民主、自由的理想。夏明翰慷慨就义前,索笔留遗言。一曲就义歌,自此天下传:

砍头不要紧，

只要主义真。

杀了夏明翰，

还有后来人！

理想实现的艰巨性。著名的俄国寓言作家克雷洛夫说，现实是此岸，理想是彼岸，中间隔着湍急的河流，行动则是架在河上的桥梁。可见，要达到理想的彼岸是要付出代价的。人在实现理想的过程中，不可避免地要伴随着困难和挫折，理想之舟的航行处处会碰到急风恶浪。因此，要把理想转化为现实，最根本的途径是要靠自己扎实的实践。追求理想的过程是一个艰苦奋斗的过程。在这个过程中，追求者会遇到各种困难和艰苦的环境，不可避免地会吃苦。如果没有吃苦耐劳的精神，没有在艰苦的环境中不懈奋斗的精神，理想的实现仍然是困难的。贪图享乐、只知坐享其成的人绝不能实现某种理想，而且事实上这样的人根本不会有什么远大的理想。追求理想的过程，也是进一步确立和强化理想信念的过程。正是在为了追求理想而艰苦奋斗的过程中，人的理想和信念经受了考验，得到了磨炼，从而变得更加坚定了。只有经历了患难和在逆境中奋斗的人，也才能形成坚定的信念和坚强的意志。郑板桥有诗云："咬定青山不放松，立根原在破岩中。千磨万击还坚劲，任尔东西南北风。"

理想实现的曲折性。不要幻想走直线。尼采在《偶像的黄昏》中说："我的幸福公式：一个'是'，一个'不'，一条直线，一个目标。"尼采的这种对待现实的简单态度是与现实不相容的，尼采后来终于疯狂了。

四渡赤水是毛泽东军事指挥艺术的神来之笔，他自己也称之为得意之笔。可谁又知道四渡赤水是毛泽东在失意之后的杰作？毛泽东是在失败、挫折甚至不被信任中扭转危局的。我们这代人，对四渡赤水出奇兵、毛主席用兵真如神的歌曲耳熟能详，但对于四渡赤水战役幕后的故事了解不多，对于红军在挫折磨难中创造的战争奇观更没有亲身体验。遵义会议确立了毛泽东在党和红军中的领导地位。按常理，毛泽东从此可以一展身手，红军也会转败为胜，但情况并非这么简单。

四渡赤水战役前后，毛泽东曾遭遇过"三挫"。

"第一挫"是土城战斗。这是毛泽东取得指挥权后指挥的第一仗，对于实现中央红军北渡长江与红四方面军会合的战略计划具有决定作用。但由于敌情不明、对川军战斗力估计不足，战斗一开始就打得很惨，形成敌我对峙状态。关键时候，朱德总司令要披甲亲征，毛泽东、周恩来等列队送行。然而，土城战斗仍然没有走出僵局。毛泽东临机处置，令中央红军迅速撤出战斗，放弃北渡长江计划，西渡赤水河，就此拉开了四渡赤水的战幕。土城战斗失利后，在遵义会议上受到批评的博古嘲讽说："看来狭隘的经验论者指挥也不成。"红军指战员中也有不理解的，不是换了领导，怎么还打败仗？挫折面前，毛泽东积极吸取教训，坦率地承认土城战斗是一个败仗，总结了三条教训。接着组织中央红军二渡赤水，获得娄山关大捷，再占遵义城，5天之内，歼灭击溃敌2个师8个团，取得了长征以来第一次大胜利，被蒋介石称为国民党的"奇耻大辱"。

毛泽东的"第二挫"，是自己的正确意见不被接受，反而被撤职。按理说，二渡赤水后，毛泽东在党和红军中威信更高了，号令三军不成问题。但在围绕打鼓新场战斗该不该打的争论中，毛泽东却孤立无援，他认为敌强我弱，战事一开势必成为攻坚战，对红军不利。但毛泽东没能说服大家，反而被撤销了前敌司令部政治委员职务。危急关头，他不计个人荣辱，当夜继续进行说服工作。在周恩来等人的支持下，打鼓新场作战计划最终被放弃。中央红军又三渡赤水河，主动寻求新的作战机会。

毛泽东的第三次受挫是在四渡赤水之后。红军四渡赤水，南渡乌江，威逼贵阳，调滇军出境，巧渡金沙江，进兵四川，把国民党追兵远远甩在身后。然而，在中央政治局召开的会理会议上，毛泽东意想不到的事情发生了。林彪写信埋怨红军净走"弓背"路，要求走"弓弦"路，同时要求撤换毛泽东、朱德军事指挥权，一些对遵义会议心怀不满的人也乘机推波助澜。面对责难，毛泽东荣辱不惊，以理服人。会议最终统一了思想，使毛泽东和中央依靠机动作战摆脱国民党重兵围追的方针深入人心。此后，中央红军继续北上，创造了彝海结盟、强渡大渡河、飞夺泸定桥、翻越夹金山等一连串奇迹，与红四方面军胜利会师。毛泽东的三次受挫，也是党和红军在坚持正确路线道路上所受到的挫折和磨难。

第二节 从理论走向实际

实际，即客观事物的存在和客观存在的事物的状况。从狭义上说，实际即"实事"，指客观存在的一切事物。它包括事物的属性、关系、方式、结构、形态、功能等。

理论，是概念、原理、观点的体系，是人们对感性认识材料进行加工改造而达到的思维成果。理论标志着主体在一定时空内对事物及其状况的反映。不同的理论具有不同的范畴、结构、体系，即使对同一对象的反映亦有不同的理论结论,如对同一事物,道德家看到的是"德",哲学家看到的是"道",数学家看到的是"量",美学家看到的是"美"。理论表现为人的主观价值旨趣,作为把握世界的文化样式深蕴着"能动""跳跃"的主观性质,因而又有别于被反映的客观"实事"本身。

从理论和实际的定义中可以看出,理论和实际是有着明显区别的。例如,从理论上说,当价格上升的时候商品的需求量会下降,价格下降的时候商品的需求量会上升,而现实中往往并非如此,除了价格以外还有很多影响因素,替代品的价格、收入水平、社会风气甚至人们的虚荣心都有可能影响需求量。

又如,因为1个人修这条路需要10000天,所以10000个人修这条路需要1天……这样的数学推理在现实社会中是很难成立的。

一、要学习掌握好理论

正确的理论是对客观事物的本质、规律的正确反映,学习和掌握好正确的理论就会使人拥有认识世界、改造世界的主体性力量。"知识就是力量",这里的知识主要是指科学的、理论的知识。

对理论掌握得不准确、不全面、不系统,用这样的理论前提联系实际就必然会出现错误,无法正确解释实际,给工作造成损失,失去了理论的价值和作用。

黑格尔说:"凡是现实的都是合理的,凡是合理的都是现实的。"理论和实际之间具有密切的关系。首先,理论来源于实际,是对实际的反映。没有实际的理论是空洞的理论,是站不住脚的,也不会被人们所接受。理论还必须在实际活动中得到发展和检验。理论也只有与实践相统一,才能发挥理论的作用,否则再好的理论也是没有用的。其次，人们的实际活动也必须以理论为指导，没有理论指导的实践是盲目的实践。

二、要做到理论和实际的具体的统一

前面的内容中我们曾提到知识的概括性，这就要求我们在把理论知识运用到实际中去时要做到理论联系实际，具体问题具体分析。理论联系实际既是党的思想路线的灵魂，又是党的优良作风之一，是辩证唯物主义认识论的精髓。马克思、恩格斯、列宁反复强调，他们的理论不是教条，而是行动的指南。毛泽东遵循这一原则，在把马克思列宁主义普遍原理同中国革命具体实际相结合的过程中，在反对主观主义特别是教条主义的斗争中，对理论联系实际的思想作了深刻的论述和发挥。他指出，是否坚持理论联系实际，是对待马克思列宁主义的态度问题。理论联系实际，对于中国共产党人来说，就是应用马克思列宁主义的立场、观点、方法，对中国的历史实际和革命实际进行认真研究，正确地解释历史中和革命中所发生的实际问题，从中引出规律，作为行动的向导。

相对于现实的具体性和复杂性，理论知识是抽象的、概括的。真实性在某种意义上就意味着复杂性。书本上以文字符号来表述的知识是从具体情境中抽象出来的，相对于复杂多样的现实生活而言，它把其对象大大简化了。

例如，目前国内所售车型在出厂时都只提供理论油耗数据，而这个油耗只是厂家在百公里等速情况下测出的理论油耗，和车主实际驾驶时所产生的油耗相差甚远。

因此，我们要到不同的山唱不同的歌，对不同的人说不同的话，做到具体问题具体分析。《论语》中有个故事表明孔子会因材施教，对不同的学生问同样的问题给予不同的回答。子路问孔子道:"听到一件合于义理的事,立刻就去做吗?"孔子说:"父亲和兄长还活着,怎么可以(不先请教他们)听到了就去做呢?"冉有问孔子道:"听到一件合于义理的事,立刻就去做吗?"孔子说:"听到了应该立刻去做。"公西华就问孔子为什么不同的人问同样的问题,孔子给了不同的回答,让他感到困惑。孔子说:"冉有畏缩不前,所以我鼓励他进取;子路好勇过人,所以提醒他退让些。"

三、要做到理论和实际的历史的统一

歌德说:"理论是灰色的,而生命之树长青。"任何理论都是在一定的时间、地点条件下对客观事物的反映,而事物总是在不断地运动、变化发展过程中,常常会出现理论上所没有解决的问题,这就要求我们把理论和实际历史地结合起来,做到理论和实际的历史的统一。实际上,作为客观事物的反映的概念、理论的内涵也在随着客观事物的运动、变化、发展而变化、发展着的。如不同时代的人对待公正廉明的态度是不同的。古人云:"水至清则无鱼,人至察则无徒。"也是告诉我们在不同的时代人们对公正廉明的程度有不同的要求。又如,同样是民主制度,但古希腊雅典的民主制度和现代民主制度有着非常大的区别。古希腊雅典民主是建立在奴隶制的基础上的,是少数人的民主,只是成年男性公民当家做主的政治制度,这种民主对妇女、外邦人、广大奴隶而言是遥不可及的。

相对于现实的不断变化和发展,理论知识是僵死的、凝固的。所谓"天不变,道亦不变"是错误的。我们不能把几千年前老子、孔子的理论照抄照搬到我们现在所遇到的实际问题中。刻舟求剑的故事告诉我们:"舟已行矣,而剑不行,求剑若此,不亦惑乎?"

第三节 从个人走向社会

个人与社会不可分离,社会是个人生存和发展的基础,个人是构成社会的前提。

个人的生存和发展离不开社会,个人只能存在于人类社会之中。每个现实的人生存所需的一切,只有通过社会才能取得,而且人的才能、知识和经验本身也是社会所造成的精神文明与物质文明的产物。

爱因斯坦说:"只要我们全面考察一下我们的生活和工作,我们马上就看到,几乎我们全部的行动和愿望都同别人的存在密切联系在一起。我们看到我们的全部自然生活很像群居的动物。我们吃别人种的粮,穿别人缝的衣服,住别人造的房子。我们大部分的知识和信仰都是通过别人创造的语言由别人传授给我们的。要是没有语言,我们的智力就会真的贫乏得同高等动物的智力不相上下。因此,我们应当承认,我们胜过野兽的真正优点在于我们是生活在人类社会之中。一个人如果生下来就离群独居,那么他的思想和感情中所保留的原始性和兽性会达到我们难以想象的程度。个人之所以成为个人,以及他的生存之所以有意义,与其说是靠着他人的力量,不如说是由于他是伟大人类社会的一个成员,从生到死,社会都支配着他的物质生活和精神生活。"

同时,社会的发展,又是通过所有个人的集体努力而实现的,一切个人活动的总和构成社会的整体运动及其成就。社会的利益又是靠所有个人自觉的、创造性的劳动来保证的。正是千千万万个人的活动，汇集成一种改造世界的巨大力量，推动了物质文明与精神文明建设的迅速发展。一个人行为的道德价值，就看他能为社会的发展做出自己多大的贡献。

一、要有强烈的社会化的意识

社会的存在是为着每一个人服务的。但为个人服务并不等同于为自我服务。

我们走向社会之前，是社会和家庭供养了我们这么多年，在走向社会之后我们要努力回报社会。但也正因为社会和家庭供养了大学生这么多年，使得一些人心中产生了个人中心主义。

个人中心主义在社会生活中是行不通的。科学家曾经做过一个试验，把一群猴子关在笼子里，并将一个香蕉和喷头相连，当有猴子拿香蕉吃时，所有猴子就会被喷头中喷出的水淋湿。这时，这只触碰香蕉的猴子就会被其他猴子打一顿。渐渐地，所有的猴子都会自觉不去碰那只香蕉，即使它再诱人。我们可以这样认为，猴子们或许不会去理解什么是群体利益，更不会为追求群体利益的最大化而放弃自身利益；但是它会很清楚地理解这个整体触发机制，而这个只有群体（人类中就叫社会）才能拥有和维持的触发机制正是群体（社会）利益最大化的保证。作为生活在其中的人，我们可以不去理解追求社会利益最大化的意义和方法，但是必须理解道德和法律，并遵守它们，不知不觉中，我们已经在为追求社会整体利益最大化而努力了。

大学生要有强烈的社会化意识。所谓人的社会化是指作为生物个体的自然人通过与社会的相互作用，学习社会文化，掌握社会技能，形成社会观念，适应社会生活，并积极作用于社会，创新社会生活和社会文化的过程。大学生社会化是指大学生在校期间通过知识教育和学习,掌握文化知识和职业技能,参与社会实践,适应社会生活,实现人与社会的平衡发展,成为能自觉履行社会角色的社会人的过程。

除了前面提到的价值观的社会化之外,还要在生活社会化、技能社会化等方面下大力气。

总的说来,当代大学生的生活社会化不足。首先,思想功利化。受西方实用主义和功利主义思想的影响,大学生学习目的和职业选择的功利化倾向日趋明显,许多学生过分注重对物质利益的追逐,急功近利,缺少克服困难、积极进取、自立自强的精神。其次,生活散漫化。许多学生对人生和职业没有一个正确的选择和规划,生活中得过且过,随遇而安,浪费了大好的青春和光阴。第三,感情庸俗化。爱情本是圣洁而伟大的,可是有的学生却没有树立正确的爱情观。近年来,由于大学生错误的恋爱观而导致的犯罪案件不胜枚举。

总的说来,当代大学生的技能社会化不强。首先,大学生社会实践能力不够。许多学生在校期间把时间过多地用在了专业理论知识的学习上,许多学生对参与社会实践活动重视不够。同时,由于高校在组织学生参与社会实践活动方面不够深入,大学生参与社会实践的体制和运行机制不够完善,没有给学生提供更多更好的参与社会实践的机会,特别是在创造就业创业实践的机会方面组织得不够,从而造成了大部分学生走上工作岗位后,就业能力欠缺,岗位适应能力不强,以致无法适应工作岗位。其次,心理承受能力较差。当代大学生绝大多数出自独生子女家庭,没有经历过困难和挫折,缺乏自我抉择的独立意识,迈入大学校门后,面对新环境和新问题,有的同学不知所措，不懂得自我调适和自我解压，导致出现各种心理问题。第三，人际关系淡薄。当代大学生个性化较为突出，凡事以自我为中心，缺乏集体观念和团队协作意识，许多学生把精力过分注重于学习，忽略了人际交往能力的培养。

大学生可以把学校当作一个小社会，并在这个小社会中努力使自己的生活社会化、技能社会化。

二、努力寻找在社会中的合适位置

创业的人一定要努力认识和把握社会的现状及发展趋势，要研究政策，跟对形势。很多创业者是不太注意这方面工作的，认为政策研究假、大、虚、空，没有意义。实则不然。对一个创业者来说，大到国家领导人的更迭，小到一个乡镇官员的去留，都会对自己有影响。在政策方面，国家鼓励发展什么，限制发展什么，对创业之成败更有莫大关系。做对了方向，顺着国家鼓励的层面努力，可能事半功倍；做反了方向，比如说，某个行业、某类型企业，国家正准备从政策层面进行限制、淘汰，你偏赶在这时懵懵懂懂一头撞了进去，一定会鸡飞蛋打。

努力认识自己，从而找到自己在社会中的合适位置和应从事的职业。"骏马行千里，犁田不如牛，坚车能载重，渡河不如舟。"意思是我们要善于认识自己，客观、公正、正确地认识和评价自己，在认识自己的过程中，既要看到自己的长处，又要看到自身的缺点和不足，我们要善于发现自己的长处和优势，做到扬长避短。有谁会想，为什么爱迪生不是音乐家而莫扎特没有成为发明大王呢？原因不言而喻。因为他们知道那个领域不属于自己，不适合自己。爱迪生的领域是科技，是发明，那才是属于他的能够创造神奇的领域，而莫扎特注定与音乐相伴一生，是因为他的脑子有音乐天赋，在音乐的世界里，他才能充分展示自己的才华。

三、扮演好在社会中的角色

由于社会生活的多样性，决定了社会关系的复杂性，任何一个人进入某一社会位置后，就与一系列的行为模式相联系，其言行举止都受一定社会对这一位置的规定或制约。大学生对自己角色的认知很大程度上影响着其相应的社会角色的扮演。

主角与配角是戏曲舞台上的概念，两者间本来是分工合作的关系，既不能没有红花，也少不了绿叶，只有其中之一，那是无法构成一部好戏的。陈佩斯和朱时茂合作的《主角与配角》，因为长相寒碜被分配演叛徒的陈佩斯不服气，非要抢朱时茂那个正义的主角来演。结果我们都知道，两个人换位了，但陈佩斯却也没能演好这个主角。

社会角色的扮演，是大学生社会化的一个重要内容。社会化的根本目的在于培养合格的社会成员。在社会化过程中，大学生不断将社会要求转化为社会角色的心理内容，即通过个人的内心活动或亲自体验，真正相信并接受社会主导价值、行为规范，把它纳入个体的价值体系之中；同时，又不断将调适了的社会角色内容表现为个体的行为。这实际就是社会角色的学习与扮演过程。如果你是一个新闻发言人，你就应该严肃认真，谨言慎行；如果你是一个娱乐节目主持人，你就应该多一些活泼和幽默……

人们是在社会化过程中受到角色规则的训练和教育的，偏离了社会角色规则会受到社会的排斥和制裁。人在一生中要学会扮演各种角色，如孩子的角色、学生的角色、男女的角色、职工和领导的角色等等。这些角色使人们在不同的情境中以适当的行为方式与他人进行交往。

第四节 从自我走向他人

人生于社会中，不可避免地要和周围的人打交道，没有人孤立于社会中。亲人、朋友、同学、同事，还有各种通过不同关系联系起来的人以及众多潜在的关系的人，不管联系是强还是弱，作为社会的一分子，你不可能从中脱离。社会就像是一张网，一个人就像是网上的一个结，通过很多很多的线和别人相关联。

人类得以生存、发展的一个重要条件就是人与人之间的能够通过交往建立各种各样的关系，分工合作，相互依存，人们想要达到目标，就离不开与他人的接触和配合，在这种过程中，个体的行为的有效性大大提高了。在交往的过程中，人们相互可以发现对方的长处，激励发展的动机，自己的长处被对方所认可，会激发自信心，自己遭受挫折，得到对方的关心、爱护和支持，会减轻痛苦，坚定信念。因此，在个人的发展过程中，离不开与他人的相互作用，离不开他人的理解、支持、肯定、帮助，自我认识也离不开他人作为自己定位的镜子的作用。因此，个人的发展离不开与他人的交往。

如何处理好个人与他人的关系无疑成为人生的一个重大课题。个人与他人的关系，处理得好，生活就轻松得多，容易得多，获得的开心就多。如果人际关系处理不好，生活就可能会很烦恼，朋友少，就可能不得志而终。

从相关比较研究的结果可以看出，大学生心理健康水平与人际交往水平是密切相关的，正如在大学生心理健康教育和人际交往辅导中所面对的诸多案例所反映的那样，心理健康的大学生其人际交往相对正常，而人际交往异常是造成心理健康水平不高或下降的关键因素，尤其是大学生正处在心理上的第二次"断乳"阶段，人际交往几乎是所有学生进入大学后面临的第一课题，也是一大难题，所以一年级大学生表现出来的心理问题大多与人际交往有关，这种现象会持续到二年级，随着年级的增加，到三年级后会有好转，相对而言，高年级大学生的心理健康水平也较低年级大学生更高。

人脉资源是创业的一个最主要的资源。创业者应该具有构建其人际网络或社会网络的能力。一个创业者如果不能在最短时间之内建立自己最广泛的人际网络，那他的创业一定会非常艰难，即使其初期能够依靠领先技术或者自身素质，比如吃苦耐劳或精打细算，获得某种程度上的成功，我们也可以断言他的事业一定做不大。

西方现代人际关系教育的奠基人、美国著名的人际关系学大师戴尔·卡耐基说："一个人的成功……85%靠的是人际关系和处事能力。"

一、要树立交往意识，勇于交往

人是一切社会关系的总和。人的本质就是社会性的。每一个人都必须与周围的人打交道。每一个人每时每刻都处在各种各样的复杂社会关系中。在家里，有父母、兄弟姐妹、亲戚朋友；在学校，有同学、老师；在工作中，有同事、上下级等等。对于大学生，人际交往更是他们生活中的一个重要方面，尤其是大学新生，刚到一个陌生的环境，开始过集体生活，这时候他们的人际交往比中学时代要广阔得多。如何适应新的生活环境，建立新的人际关系，恰当处理各种交往，是每一个学生面临的首要问题，也是保证心理健康的重要因素。

大学生时期是大学生心理趋于成熟的时期，在此阶段，特别需要与人沟通，向别人倾诉，通过别人的理解与安慰来对压抑的情绪进行调节，使心理压力得到缓和。因此，大学生的人际交往显得尤其重要。在校的大学生，要从各个方面锻炼自己，克服各方面的心理问题，改善人际关系，使自己能够适应大学生活。大学生要在进入大学一开始就有意识地学习人际交际的技巧，只要注意加强交往的实际锻炼，就会不断提高人际交往能力，形成良好的人际关系，度过快乐、幸福的大学校园生活，更有助于今后的生活、工作取得成功。

二、要遵守交往基本原则，善于交往

如何提高人际交往能力可以写成一本厚厚的书，也是一个人一辈子都要学习的事。但是遵循如下这些人际交往的主要原则将会使人际交往容易得多。

1. 道德原则。一个人对他人和社会正反两个方面的影响及影响大小主要取决于他的道德水准。在当代，以崇高的道德硬性要求每一个公民做到是很难的，但我们可以划定一些底线伦理并要求人们遵守。

要坚守底线伦理，弘扬中华传统美德。《墨子》说："断指以存腕，利之中取大，害之中取小也。"《墨子》指明了人之追求利益最大化、损失最小化的本性，即所谓"两利相权取其重，两害相权取其轻"。中国古代俗语"两利相权取其重，两害相权取其轻"是指当两个道德主体发生利害关系的时候，我们可以比较利害的大小，做到"两利相权取其重，两害相权取其轻"。

我们知道人们在现实生活中早已实践着这一原则，但是，把它作为一条人类行为的选择原则提出来，这还是由欧洲近代哲学家斯宾诺莎开始的。它告诉人们，我们在日常生活中，不仅要在利害之间进行选择，而且有时只能在利与利之间或害与害之间进行选择，而这种选择则在于对它们的影响的大小进行某种比较和计算。

比如，一个年轻的小伙子为什么要给一个孕妇让座，就是因为让孕妇坐所带来的好处要大于他在座位上坐着所带来的好处。又如，我穿着漂亮的衣服去相对象，路见一个小水沟里有一个落水儿童，我就应该去救。为什么？救落水儿童给我带来的损害要轻于一个孩子失去生命所带来的损害。如果这个基本的伦理原则正确，那么道德问题就可以转化为一个认识问题了，人与人之间的关系也就更加容易处理了，也不再像以前那么复杂了。

2. 尊重原则。尊重是维系人际关系的基础，每个人都渴望得到别人的尊重。尊重人包括尊重别人的人格，尊重别人为社会所付出的劳动，尊重别人的感情、愿望、习惯和爱好。古人说："敬人者，人恒敬之；爱人者，人恒爱之。"尊重别人才能得到别人的尊重，伤害别人最终也会伤及自身。在人际交往中，我们对所有的人，不管其地位高低贵贱，都应该给予应有的尊重。不仅要尊重他人的人格、个性习惯、情感兴趣和隐私，还要尊重彼此存在的外显或内在的心理距离。

在我们的社会里，人们之间只有社会分工和职责范围的差别，而没有高低贵贱之分。不论职位高低、能力大小，还是职业差别、经济状况不同，人人享有平等的政治、法律权利和人格尊严，都应得到同等的对待。因此，人与人之间交往要平等相待、一视同仁、相互尊重、不卑不亢。

有一位表演大师上场前，他的弟子告诉他鞋带松了。大师点头致谢，蹲下来仔细系好。等到弟子转身后，又蹲下来将鞋带松开。有个旁观者看到了这一切，不解地问："大师，您为什么又要将鞋带松开呢？"大师回答道："因为我饰演的是一位劳累的旅者，长途跋涉让他的鞋带松开，可以通过这个细节表现他的劳累憔悴。""那你为什么不直接告诉你的弟子呢？""他能细心地发现我的鞋带松了，并且热心地告诉我，我一定要保护他的这种热情，及时地给他鼓励，至于为什么要将鞋带解开，将来会有更多的机会教他表演，可以下一次再说啊。"

由于自己的意见没有受到尊重和采纳，曾发火就捅死了邻居一家三口，其中一名还是孕妇。这桩命案发生在杭州金东区孝顺镇，想来让人心惊。邻居家的电视声音太大，曾发火不止一次地进行沟通。沟通无果后，还向房东反映过。之后曾发火还买了铁桶，如果邻居家电视声音大了，他就敲打铁桶来对抗邻居家的电视声音。估计谁也不会想到，这么一桩看似不重要的事儿，竟然引发了命案。

3. 宽容原则。俗话说："尺有所短，寸有所长。"由于人们在环境、经历、文化、修养等方面存在着差异，在处理人际关系中不能强求一致。正像世界上没有完全相同的两片树叶一样，由于性格不同（如活跃型性格和完善型性格）等原因，人和人之间也会产生误会、不理解，进而产生摩擦。这就要求在人际交往中，遵循宽容的原则。《周易》上说："地势坤，君子以厚德载物。"宽以待人，求同存异，有助于扩大交往空间，也有助于缓解或消除人际间的紧张和矛盾。但是，宽容不等于不分是非，对于重大问题不能借宽容而放弃原则。

人们认识事物的角度不同，也会产生误解。人们对看到的东西，都未必能做出正确的判断。孔子的一位学生在煮粥时，发现有肮脏的东西掉进锅里去了。他连忙用汤匙把它捞起来，正想把它倒掉时，忽然想到一粥一饭都来之不易啊。于是便把它吃了。刚巧孔子走进厨房，以为他在偷食，便教训了那位负责煮食的同学。经过解释，大家才恍然大悟。孔子很感慨地说："我亲眼看见的事情也不确实，何况是道听途说呢？"人们对看不到的东西就更容易产生误解了。所以，人们应该用宽容来化解与他人之间的误解和矛盾。

4. 诚信原则。孔子说："人而无信，不知其可也。"意思是"人无信不立。"诚信是人与人之间沟通的桥梁。诚信是协调人际关系的一种基本要求，更是一种人品修养。诚信的基本表现形式是内诚于心，外化于人，言必行，行必果。诚信是中华传统美德，古人有"一言既出，驷马难追"的格言。孟子把"朋友有信"作为处理朋友关系的要义；荀子把是否有信作为区分君子和小人的重要标准。"以诚实守信为荣，以见利忘义为耻"是社会主义荣辱观的重要内容。大学生在与人交往中，守信是必不可少的品德。

5. 互助原则。互助原则指的是在人际交往中热情地关心他人，为他人着想，并尽力帮助他人。助人行为是良好的人际关系得以建立的起点。在实施互助时应该注意以下几点：一是最应该提供帮助的时候是别人最困难的时候，"雪中送炭"比"锦上添花"更为重要；二是帮助别人要尊重当事人的意愿，不能一厢情愿；三是助人行为不能带有丝毫的施舍性和歧视性；四是知恩当报，施恩不图报；五是交往的互助不仅仅局限在物质上，有时候精神上的互助也非常重要。

6. 适度原则。一位心理学家做过这样一个实验：一个刚刚开门的大阅览室,当里面只有一位读者时,心理学家就进去拿椅子坐在他(她)的旁边。试验进行了整整80次。结果证明,没有一个被试者能够容忍一个陌生人紧挨自己坐下。当心理学家坐在他们身边后,很多被试者会默默地移到别处坐下,有人甚至明确地问:"你想干什么?"

这是一个人际距离的问题,很明显这个实验给出了结论:没有人能容忍他人闯入自己的空间。人与人之间需要保持一定的空间距离,即使最亲密的两人之间也是一样。

在美国著名人类学家爱德华·霍尔博士看来,通常而言,彼此间的自我空间范围是由交往双方的人际关系与他们所处的情境来决定的。据此,他划分了四种区域或者距离,每种距离分别对应不同的双方关系。第一种是亲密距离;第二种是个人距离;第三种是社交距离;第四种是公众距离。

人与人之间的交往,一定要把握好分寸。尽管我们有着良好的愿望,希望自己所拥有的人际关系亲密度越高越好,但还必须记住"亲密并非无间,美好需要距离"。

附 录

第二章思维训练题

1. 经过破译敌人密码,已经知道了"香蕉苹果大鸭梨"的意思是"星期三秘密进攻","苹果甘蔗水蜜桃"的意思是"执行秘密计划","广柑香蕉西红柿"的意思是"星期三的胜利属于我们",那么,"大鸭梨"的意思是(　　)

A. 秘密　　B. 星期三　　C. 进攻　　D. 执行　　E. 计划

2. 四个大学女生住在一间房间,一位在修指甲,一位在梳头发,一位在化妆,一位在看书。(1)马萝不在修指甲也不在看书。(2)马德不在化妆也不在修指甲。(3)若马萝不在化妆,则马妮不在修指甲。(4)马莉不在看书也不在修指甲。(5)马妮不在看书也不在化妆。

请问:四位女生各自在做什么?

3. 兄弟俩进行 100 米短跑比赛。结果,哥哥以 3 米之差取胜,换句话说,哥哥到达终点时,弟弟才跑了 97 米。兄弟俩决定再赛一次。这一次哥哥从起点线后退 3 米开始起跑。假设第二次比赛两人的速度保持不变，谁赢了第二次比赛？为什么？

4. 有人用 600 元买了一匹马，又以 700 元的价钱卖了出去；然后，他再用 800 元把它买回来，最后以 900 元的价钱卖出。在这桩马的交易中，他（   ）

　　A. 赔了 100 元　　B. 收支平衡　　C. 赚了 100 元　　D. 赚了 200 元　　E. 赚了 300 元。

5. 下面的加法计算是以字母来表示的。A 表示从 1 到 9 中的某个数字，B 代表另外一个这样的数字，C 也代表另外一个这样的数字。从最后得出的和来看，A、B 和 C 所分别代表的数字一定会是哪些？

```
    A A
+   B B
---------
  C B C
```

6. 图书馆的书经常被一些品行不端的人破坏而出现缺页现象。某新书共 200 页，经过几次借阅后，管理员发现第 11 页到 20 页被人撕去了，现在这本书剩下 190 页。又过了一段时间，这个管理员发现，第 44 页到 63 页又被人撕去了。那么现在这本书还剩下多少页？

7. 如果所有的甲都是乙，没有一个乙是丙，那么，"一定没有一个丙是甲"。这句话是（   ）

　　A. 对的　　B. 错的　　C. 既不对也不错

8. 张、李、王三家门口堆放了一大堆三家共同制造的垃圾，三家准备一起将它清走。张家清理了 5 天，李家清理了 4 天，就全部清理干净了。王家因为有事，没有参加清理，所以拿出 90 元钱，让张、李两家按劳分配。请你帮忙分一下这 90 元钱。（假定每家每天

清理的垃圾量是相等的)

9. 玛丽姬（女）的弟弟点了一下兄弟姐妹的人数，发现自己的兄弟比姐妹多1人。那么玛丽姬的兄弟比她的姐妹多（　　）人。

10. 希腊学者麦罗尔为数学家丢番图的墓碑写了一段充满数学趣味的碑文：

他生命的1/6是童年时代。又过了一生的1/12，他的脸颊上长出了细细的胡须。这时，他结了婚。婚后，他又非常美满地度过了他一生的1/7。再过5年，他有了一个儿子，感到很幸福。可是，命运给这孩子的生命只有他父亲的一半。自从儿子死了以后，他在极度的悲痛中只活了4年就死去了。

请问：数学家活了多少岁？

11. 一块铁熔化成铁水，它的体积将扩大1/4。如果铁水又冷却凝固成铁块，它的体积缩小了多少？

12. 朱虹和田智生的生日都在三月份，而且都是在星期四，朱虹的生日早，两个人生日的日期之和是36，问田智生的生日是三月几日？

13. 有人带了一枚硬币给博物馆馆长，希望卖给博物馆。硬币上刻着"公元前540年"。馆长根本没有考虑是否购买它，而是立即通知了警方。这是为什么？

14. 皇帝不是穷人，在守财奴之中也有穷人，所以，有一些（　　）并不是（　　）。

15. 甲乙两人比赛爬楼梯，已知每层的楼梯数相同，当甲跑到第3层时，乙恰好跑到第2层，照这样计算，甲跑到第9层时，乙跑到了第几层？

A. 5　　B. 6　　C. 7　　D. 8

16. 一位顾客来到表店，拿出一张 100 元钱买一块 70 元的手表，表店主人找不到零钱，就去对门的食品店兑换，兑换回来后，将 30 元零钱给了这位顾客。过了一会儿，食品店主人找来说这是一张假钞，表店只好自认倒霉，另换一张真的给食品店主人。如果表店主人 70 元钱卖出手表赚的钱不计算在内，请问在上述过程中表店主人总共损失了多少钱？

第三章思维训练题

1. 在下列图中，上一行的空白圆圈内，应该填入下一行中哪个图形才合适？

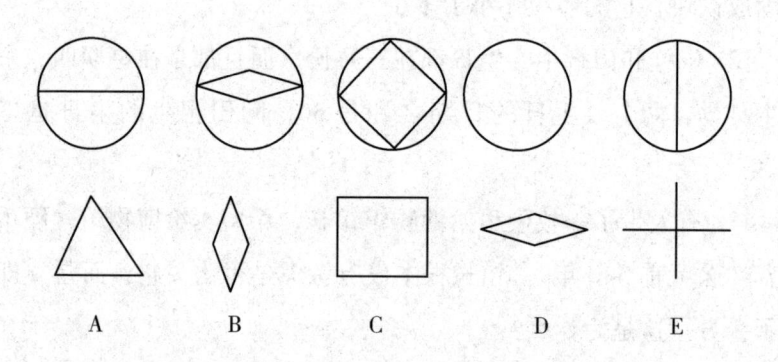

2. 怎样用六根火柴摆出四个等边三角形？

3. 南方某开放城市曾破获这样一起案件。这天，市公安局刑侦处的熊处长接到温阳镇派出所的电话报告，说在当地抓获一个走私集团成员时，在罪犯身上查获到一张写有"腊子桥"三个字的小纸条。据侦查，这是走私集团的暗号。熊处长心想在去温阳镇的路上该镇只有一座名叫解放桥的桥,假定纸条上的"桥",就是指的这座桥,那么,"腊子"二字,肯定是接头时间了。熊处长是位思维敏捷的警官,他又悟出现在正是春节前,与"腊"不无关联。这样,三天后的一个深夜,熊处长及其助手依照破译的"暗语",守株待兔,果然大功告成,将前来接头的罪犯逮着了。

你可知"腊子桥"三字是什么意思?

4. 六只杯子排成一行,前三只杯子装满了水,后三只杯子是空的。如果只允许动一只杯子,你怎样才能使两只盛满水的杯子无法紧挨在一起,而两只空杯子也无法紧挨在一起?

5. 这里有一个等式:$2 + 7 - 118 = 129$

这个等式不是一个有效的数学表达式。你的任务是:在等式中画一条直线,使之成为一个有效的数学表达式。

6. 有一天在办公室里,艾丽斯对贝蒂说:"我听凯西讲了一个非常好听的笑话。"于是她开始对贝蒂转述这个笑话。但是贝蒂说:"哦,我已经知道这个笑话了。"艾丽斯说:"哦,凯西已经对你讲过了?""没有的"贝蒂说道,"实际上,我根本没有听到过或者读到过这则笑话。"

请解释这是为什么?

7. 有一家人(全家三口,夫妻俩和一个 5 岁的孩子)决定在城里租房子住。他们跑了一天,直到傍晚,才好不容易看到一张出租公寓的广告。于是,就前去敲门询问。丈夫问房东:"这房屋出租吗?"房东说:"啊,实在对不起,我们公寓不租给有孩子的住户。"丈夫和妻子听了,就默默地走开了。那个 5 岁的孩子却去敲开了房东的大门,并且很沉着地对房东说了一句话。房东听了之后,高声笑了起来,决定把房子租给他们住。请问这位 5 岁的小孩子说了什么话，终于说服了房东。

8. 爷爷的年龄现在是孙子的 7 倍，过几年后，是孙子的 6 倍，再分别过几年，是孙子的 5 倍、4 倍、3 倍和 2 倍，请问现在爷爷和孙子的年龄分别是多少？

第四章 思维训练题

1. 用发散思维为下列各个问题找出尽可能多的答案。

（1）尽可能多地写出回形针的各种用途。

（2）尽可能多地写出达到照明目的的各种方法。

（3）尽可能多地写出你与社会各方面及各种人物的关系。

（4）尽可能多地写出钥匙圈可以同哪些东西组合在一起。

2. 解答下列各题，答案想得越多越奇特越好。

（1）假如我是教师，我将怎样教学？

（2）有人提了这样一个问题："雨不停地下，会发生什么后果呢？"

（3）假如人类不需要睡眠，_____。

（4）假如天上有两个太阳，_____。

（5）假如取消一切考试，_____。

3. 用尽量短的时间回答下列问题。

（1）某人的衣服纽扣掉进了已倒入咖啡的杯子里，他赶紧从杯中拾起纽扣，不但手不湿，甚至连纽扣也是干的。这是怎么一回事呢？

（2）一天晚上，老王正在读一本很有趣的书，他的孩子突然把电灯关了,尽管屋里一团漆黑,可老王却仍然在继续读书。这是怎么回事呢?

(3) 什么字总会被念错?

(4) 公安局局长的哥哥叫李强,可李强没有弟弟。这是怎么回事?

(5) 怎样使火柴在水下进行燃烧?

(6) 两女孩一同到一所学校报名。她俩长得一模一样,出生年月日和父母的名字也完全相同。教师问:"你们是双胞胎吗?"她们异口同声地说:"不是!"她俩到底是什么关系?

(7) 有一天,阿江看到地上有张百元大钞和一根骨头,为什么阿江捡骨头,而不捡钞票?

(8) 一间牢房中关押两名犯人,其中一人因偷窃要关一年,另一个是抢劫杀人犯,却只关两周,为什么?

4. 猜字谜

(1) 山上还有山,小二藏下边。

(2) 左看二十天,右看一个月。

(3) 田上长出一棵苗,旁边有水经常流。

(4) 左边三,右边三,十一立在正中间。

(5) 只有姐姐、妹妹和弟弟。

(6) 左边接一半,右边断一半,左右连起来,结果还是断。

(7) 上面是三划,下面是三划,上面三划小,下面三划大。

(8) 郑板桥作潍县县令时,捉拿了一名作恶多端的富家子弟准备惩处,富家托郑板桥的同科张老先生来说情。张和郑边喝酒边说话,张说:"郑大人,愚下登门有一事相求,请大人帮忙,您一定是正月没有初一吧?"郑答:"仁兄,不瞒您说,板桥早知您的来意。

我为官不才,上衙时一不骑马,二不坐轿。"张老先生听罢,即起身告辞。请问他们互相讲了什么意思,就表达清楚了各自的意思,迅速结束了谈话?

第五章思维训练题

1. 有人说:"哺乳动物都是胎生的。"以下哪项最能驳斥上述判断?

 A. 也许有的非哺乳动物是胎生的。

 B. 没有见到过非胎生的哺乳动物。

 C. 非胎生的动物不大可能是哺乳动物。

 D. 鸭嘴兽是哺乳动物,但不是胎生的。

 E. 可能有的哺乳动物不是胎生的。

2. 大会主席宣布:"此方案没有异议,大家都赞同,通过。"如果以上不是事实,下面哪项必为事实?

 A. 大家都不赞同方案。

 B. 有少数人不赞同方案。

 C. 有些人赞同,有些人反对。

 D. 至少有人是赞同方案的。

 E. 至少有人是反对方案的。

3. 一位医生对病人甲说:"除非做手术,否则你的病好不了。"从这句话可以推出下面哪一个结论?

 A. 医生给病人做了手术。

 B. 病人的病被治好了。

C. 医生认为，如果甲想治好自己的病，就必须准备做手术。

D. 病人的病没被治好。

E. 病人甲交不起治疗费。

4. 有一种观点认为，"只要有足够多的钱，就可以买到一切"。从这个观点可以推出下面哪一个结论？

A. 有些东西，即使有足够的钱，也不能买到，如友谊、健康、爱情等。

B. 如果没有足够的钱，那么什么东西也买不到。

C. 有一件我买不到的东西，便说明我没有足够的钱。

D. 有钱要比没钱好。

E. 没有足够多的钱，也可以买到一切东西。

5. 有些导演留大胡子，因此，有些留大胡子的人是大嗓门。

为使上述推理成立，必须补充以下哪项作为前提？

A. 有些导演是大嗓门。

B. 所有大嗓门的人都是导演。

C. 所有导演都是大嗓门。

D. 有些大嗓门不是导演。

E. 有些导演不是大嗓门。

6. 桌子上摆着金匣子、银匣子和铜匣子。金匣子上写着一句话："珠宝不在此匣中。"银匣子上写着一句话："珠宝在金匣中。"铜匣子上写着一句话："珠宝不在此匣中。"

现已知道，这三句话中，只有一句话是真的，那么（　　）

A. 珠宝在金匣中。

B. 珠宝在银匣中。

C. 珠宝在铜匣中。

D. 珠宝不在任何匣中。

E. 珠宝不在铜匣中。

7. 王颖和唐斌至少有一人去张家界旅游。如果王颖去张家界，那么陈珊一定知道。如果唐斌去张家界，那么祝芳一定同行。事实上陈珊不知道王颖去张家界旅游。

如果上述断定是真的，以下哪项一定是真的？

A. 王颖和唐斌一同去张家界旅游。

B. 唐斌和祝芳一同去张家界旅游。

C. 王颖和陈珊一同去张家界旅游。

D. 陈珊和唐斌一同去张家界旅游。

E. 王颖和祝芳一同去张家界旅游。

8. 甲市的劳动力人口是乙市的 10 倍。但奇怪的是，乙市各行业的就业竞争程度反而比甲市更为激烈。

以下哪项断定如果为真，最有助于解释上述现象？

A. 甲市的人口是乙市人口的 10 倍。

B. 甲市的面积是乙市面积的 5 倍。

C. 甲市的劳动力主要在外省市寻求再就业。

D. 乙市的劳动力主要在本市寻求再就业。

E. 甲市的劳动力主要在乙市寻求再就业。

第六章 思维训练题

1. 指出下列命题属于四种直言命题中的哪一种，并指出它的主谓项周延情况。

(1) 法律是规定人们权利和义务的行为规范。

(2) 有的人不是党员。

(3) 任何知识都不是天赋的。

(4) 有的被告是无罪的。

2. 指出下列三段论推理是否有效？如无效，说明为什么。

(1) 凡审判员都在法院工作，有些人在法院工作，所以有些人是审判员。

(2) 物理学是没有阶级性的，物理学是科学，所以，科学是没有阶级性的。

(3) 司法工作者都要遵守法律，我不是司法工作者，所以我不要遵守法律。

(4) 中子是基本粒子，而中子是不带电的，所以，基本粒子是不带电的。

(5) 钻石是非金属，而有的非金属是很珍贵的，因而钻石是很珍贵的。

(6) 窒息死亡者脸色发青，某案件的死者脸色发青，所以某案件的死者是窒息死亡的。

(7) 有的同志是先进工作者，有的同志是律师，所以有的律师是先进工作者。

3. 下列命题各属于何种复合命题？请写出其命题形式。

(1) 科学没有国境，但科学家有祖国。

(2) 只要而且只有雪地里无狼的足迹，狼才不会是下半夜来的。

(3) 如果他没有作案时间，那么他就不可能是杀人凶手。

(4) 你只有舍弃自我，才能看见真实。

(5) 如果某人在科学上未曾有过大胆的猜测，那么他不会有伟大的发现。

(6) 只有她是什么事也不干的人,她才不会犯错误。

(7) 那幅"蒙娜丽莎"要么是达·芬奇的真迹,要么是赝品。

(8) 他或者学习不努力,或者工作不认真。

(9) 国家要独立,民族要解放。

(10) 不是东风压倒西风,就是西风压倒东风。

4. 指出下列复合命题推理各属什么推理的什么形式,并说明其是否有效。

(1) 狼和鲸都是哺乳类动物,所以,狼是哺乳类动物。

(2) 如果被告人某甲已经死亡,就不追究他的刑事责任,被告人某甲并未死亡,因此,要追究他的刑事责任。

(3) 要是附近发生强烈的地震,室内的吊灯就会摆动,眼下室内的吊灯摆动得如此厉害,所以,肯定是附近发生强烈的地震了。

(4) 小芳只有努力学习,才能考上大学,小芳今年努力学习了,因此,小芳肯定能考上大学。

(5) 一篇文章写得不好,或是由于内容空洞,或是由于不合逻辑,或是由于文字表达不清,那篇文章写得不好是由于内容空洞和文字表达不清,所以,那篇文章写得不好不是由于不合逻辑。

(6) 某甲盗窃了大量财物,诈骗了他人巨款,所以,某甲不仅盗窃了大量财物,而且诈骗了他人巨款。

(7) 只有李同志生了病,他今天才不会来上班,李同志今天明明来上了班,所以,他肯定没有生病。

(8) 如果没有科学技术的高速发展,就不可能有国民经济的高速发展,我国要有国民经济的高速发展,所以,我国必须有科学技术的高速发展。

(9) 如果你有疟疾,那么你已经被疟蚊咬了,现在你已经被疟蚊咬了,所以,你有疟疾。

(10) 如果一个人经常吸烟,那么他就有可能得肺癌,他不吸烟,所以他不可能得肺癌。

第七章思维训练题

指出下列论证的论题、论据、论证方式。

1. 王某不应负刑事责任,因为根据刑法规定,正当防卫不负法律责任,王某的行为是正当防卫。

2. 科学技术是生产力。因为蒸汽机的诞生带来了第一次工业革命,使人类社会的生产方式由手工操作进入了机械化生产的时代,使社会生产力大大提高。电动机的制造成功,带来了第二次工业革命,使社会的大生产由机械化进入到电气化阶段,社会生产力又前进了一大步。这就说明科学技术的进步促进了社会生产结构的普遍变革,影响到生产部门的深刻变化,最终促进生产力的普遍提高。

3. 有人问:"在我们国家,马克思主义已经被大多数人承认为指导思想,那么,能不能对它加以批评呢?"当然可以批评。马克思主义是一种科学真理,它是不怕批评的。如果马克思主义害怕批评,如果可以批评倒,那么马克思主义就没有用了。

4. 必须健全社会主义法制。如果不健全社会主义法制,那么社会主义民主制度和法律就会因为领导人的改变而改变,因领导人的看法和注意力的改变而改变。"有法可依、有法必依、执法必严、违法必究"也就会成为一句空话,这势必会造成一种不正常的局面。由此可见,不健全社会主义法制是不行的。

5. 教师应当受到社会的尊敬,因为教师是人类文化的传递者。如果没有教师,如果教师受不到社会应有的尊敬,人类的文化知识就无法继承。

后 记

在建设创新型国家的大背景下，在这个创新创业"双创"热火朝天的时代，在教育孜孜以求创新型人才培养这一理念深入人心的今天，编写这本书的重要意义已无需赘述了。

本书是我的科研按照原先预定的由对创新思维的研究扩展到创新研究的结果。在我决定科研转向之后，我开设了以"创新能力培养"为课程名称的公共选修课。在长期从事公共选修课"创新能力培养"课程的教学过程中，我逐渐形成了讲稿的系统的框架结构并做了大量的资料积累，现在终于成书。

我曾经有一个宏愿，就是想把本书写成一本我们这个创新时代大学生初入社会的人生指南之类的书，但现在看来这个愿望过于宏大，靠我一个人是不能完成的。希望能有志同道合的专家学者对本书多多批评指正，并与我合作，将来能再版此书，使之对大学生创新创业能产生更大的影响。

本书在"非智力因素的优化"和"走向创新的实践"这两章的写作过程中参考了不少相关的著作和文章，在此一并向这些作者表示感谢！

最后，我要衷心感谢北京农学院马克思主义学院诸位领导对本书出版的大力支持！